Das Bremer Kinderlexikon

Suse Lübker

Das Bremer Kinderlexikon

Von Achterdiek bis Ziegenmarkt

Illustrationen von Wiebke Hasselmann

Carl Schünemann Verlag

Inhalt

A

Achterdiek

Heutzutage watscheln Enten am Ufer des Achterdieksees entlang, ab und zu zeigt ein Reiher sein graues Gefieder, und wer Glück hat, entdeckt ein Eichhörnchen im Sprung. Aber Orang-Utans? Und Kragenbären? Kaum zu glauben, aber solche Tiere lebten wirklich mal im Achterdiekpark in Oberneuland. Von 1961 bis 1973 betrieb ein pakistanischer Tierhändler namens George Munro in der schönen Parkanlage einen kleinen privaten Zoo. Sogar eine kleine Schmalspurbahn führte von der Straße Achterdiek bis zum Eingang des Tierparks. Die Bremer waren sehr glücklich, dass die Stadt endlich auch einen Zoo hatte!

Leider kamen nicht genug Besucher, und so mussten die Tiere nach ein paar Jahren wieder verkauft werden. Das Gelände lag brach und verwahrloste immer mehr. 1976 fanden sich dann einige Privatleute zusammen, die das Gebiet mit viel Mühe säuberten und pflegten. So wurde aus dem ehemaligen Zoo ein schöner Park mit Badesee und Spielplatz. Ohne Affen, dafür aber mit Enten und Reihern.

Altbremer Häuser

Seid ihr schon mal durch die kleinen Straßen im → Ostertor- oder Steintorviertel oder durch den Stadtteil Peterswerder geschlendert? Dort reiht sich ein hübsches Haus an das nächste – allesamt mit kleinen Vorgärten, manche auch richtig prachtvoll mit verzierten Fassaden und verglasten Wintergärten. Die meisten dieser typisch bremischen Häuser sind schon ziemlich alt: Die ersten Wohnhäuser in diesem Stil wurden vor über 150 Jahren gebaut. Vermutlich nennt man sie deshalb auch Altbremer Häuser, ganz offiziell heißt dieser Haustyp nämlich „Bremer Haus". Altbremer Häuser gibt es auch in vielen anderen Stadtteilen, in Walle oder Findorff zum Beispiel und auch in Schwachhausen.

Ganz typisch für diesen Häuserstil ist die Aufteilung: Zwei große Räume liegen direkt hintereinander, nur durch eine Zwischentür getrennt. Neben einem dieser Räume befindet sich in Gartenrichtung ein weiteres Zimmer, das im Hochparterre oft als Küche genutzt wird. Fast alle Häuser haben einen kleinen Garten oder einen Hof, und der liegt erstaunlicherweise eine halbe Treppe tiefer als die Straße. Dadurch haben die „Gartenzimmer" im Souterrain – so nennt man bewohnbare Kellerräume – einen schönen Blick ins Grüne. Früher wohnten hier übrigens oft die Dienstboten.

Die Bremer Häuser wurden so gebaut, dass man dort gut mit einer Familie wohnen kann. Nach dem Zweiten Weltkrieg lebten allerdings manchmal drei Familien oder mehr in einem einzigen Haus, weil während des Krieges viele Wohnhäuser von Bomben zerstört worden waren.

Babbeler

Was ist eigentlich ein „Babbeler"?
a) Jemand, der unentwegt quatscht und schwer zu verstehen ist?
b) Ein seltenes Tier, das den ganzen Tag Kaugummi kaut?
c) Eine berühmte Bremer Zuckerstange?

Klar, c) ist natürlich richtig. Viele von euch kennen diese pfefferminzigen Lutschstangen bestimmt, vom ➔ Freimarkt oder vom Kiosk aus der Innenstadt, hübsch in Folie eingepackt. Man leckt und schleckt, und plötzlich ist die Stange weg. Die Babbeler werden übrigens auch als längstes Hustenbonbon der Welt bezeichnet, vermutlich, weil sie so fein nach Kräutern schmecken. Den echten Babbeler gibt es tatsächlich nur in Bremen, und das schon sehr lange: 1886 wurden die Stangen von dem Utbremer Konditormeister und Bonbonkocher Albert Friedrich Bruns erfunden, von Hand verpackt und in Pergamentpapier eingewickelt. Weil die langen Bonschen damals schon so beliebt waren, wurde in den 1930er-Jahren, also vor über 80 Jahren, in Gröpelingen sogar eine Babbeler-Fabrik eröffnet. Auch jetzt werden die Stangen immer noch in Handarbeit hergestellt, und zwar in der Zuckerwarenfabrik Germann in der Bremer Neustadt.

Babbel ist übrigens das plattdeutsche Wort für „Mund", „hol din Babbel" heißt so viel wie „halt deinen Mund". Man vermutet, dass von dem Begriff Babbel auch der Name für die klebrige Lutschstange kommt.

Jetzt wird es ein wenig gruselig! Im Bremer Bleikeller – in einem unterirdischen Nebengebäude des ➔ Doms – liegen nämlich die Mumien von acht Menschen gut sichtbar in Särgen mit Glasdeckeln. Gefunden wurden sie vor langer Zeit in der Ostkrypta des Doms, wo früher die Bleiplatten für die Domdächer lagerten. Die Mumien mussten zweimal umziehen, erst seit etwa 30 Jahren liegen sie in dem Nebengebäude, das ihr über den Bibelgarten erreichen könnt.

Wie aber kamen die Toten dort hinein? Das weiß niemand so genau. Lange Zeit dachte man zum Beispiel, dass ein Dachdecker im 15. Jahrhundert in den Bleikeller gebracht und dort einfach vergessen worden war. Der Geselle des Orgelbauers soll den Toten dort zufällig entdeckt haben, als er Bleiplatten aus dem Raum holen wollte und – so ein Schreck – eine gut erhaltene Leiche fand! Sehr viel später entdeckte man allerdings in dem Rücken des Toten eine Gewehrkugel – es handelte sich wohl um einen Soldaten oder Offizier.

Die Mumien sind richtig gut erhalten, weil es in dem Keller so schön kühl und trocken ist. Und genau das ist auch ein bisschen unheimlich: Man sieht den Toten nicht an, dass sie schon mindestens 500 Jahre dort liegen. Wer also ein wenig ängstlich ist, sollte den Besuch des Bleikellers lieber noch um ein paar Jahre verschieben – die Mumien laufen ja nicht weg.

9

Blockland

An der Wümme entlangradeln oder –skaten, zwischendurch eine Pause mit Picknick auf dem Deich, Bratkartoffeln oder leckeres Bio-Eis in einem der Biergärten und Cafés – ein Ausflug ins Bremer Blockland ist wie ein langer Ferientag. Und auch viele Tiere fühlen sich hier wohl: Wiesensingvögel brüten ungestört, Libellen gleiten über die Seerosenblätter, und manchmal seht ihr einen Graureiher, eine Wasserfledermaus und vielleicht sogar eine Storchenfamilie.

Wusstet ihr, dass das Blockland ein echter Bremer Stadtteil ist? Und zwar der mit der größten Fläche und den wenigsten Bewohnern: Gerade mal 400 Menschen leben am nördlichen Rand Bremens – und viermal so viele Kühe futtern sich durch die feuchten Wiesen entlang des Wümmedeichs. Jede Menge schnurgerade Gräben teilen das ehemalige Sumpf- und Moorgebiet in große Wiesenflächen, eben in Blöcke, daher auch der Name. Die Gräben wurden bereits im Mittelalter angelegt und sorgen auch heute noch dafür, dass die Wiesen bei starken Regengüssen nicht komplett überschwemmt werden. Nur im Winter ist alles anders: Da pumpt der Eisverein zwei bis drei Wochen lang jede Menge Wasser aus der Wümme und flutet die Wiesen und Weiden. Und sobald diese zugefroren sind, verwandelt sich ein Teil des Blocklands in ein drei Kilometer langes Eislaufvergnügen: die berühmte Bremer Semkenfahrt.

Wie gelangt das Wasser aus der Erde eigentlich in die Blätter? Und was passiert, wenn man seinen Finger in eine fleischfressende Pflanze steckt? botanika heißt das Zauberwort, denn hier könnt ihr die Welt der Pflanzen entdecken und erforschen.

Das Naturerlebniszentrum befindet sich mitten im Rhododendronpark in Schwachhausen, direkt neben dem Botanischen Garten. In den Schaugewächshäusern sprießen und gedeihen die Pflanzen das ganze Jahr, die Luft ist feuchtwarm wie in den Tropen, so zum Beispiel in der nachgebauten Landschaft des Himalaja-Gebirges. Wer mag, klettert hoch auf den Mount Kinabalu – das ist Malaysias höchster Berg – oder trinkt einen Tee in einem chinesischen Pavillon im Himalaja. Im Japanischen Garten „knabbern" freche Koi-Karpfen zart an euren Fingern.

Die Kois sind übrigens nicht die einzigen Tiere, die man in der botanika entdecken kann: Im Winterhalbjahr gleiten an die 700 tropische Schmetterlinge still durch die Lüfte, um die Osterzeit picken sich flauschige Küken aus dem Ei heraus, und sogar ein Stachelschwein durfte schon durch den Hofgarten marschieren. Toll ist auch das Entdeckerzentrum, denn hier könnt ihr viel ausprobieren und erforschen. Viel Spaß mit der fleischfressenden Pflanze!

Böttcherstraße

Wenn ihr auf dem ➜ Marktplatz in der Innenstadt mit dem Rücken zum ➜ Roland steht, seht ihr einige Schritte vor euch ein schmales Sträßchen: Das ist die Schüttingstraße.

Lauft einmal durch diese kleine Straße, und schon werdet ihr vor lauter Gold geblendet sein: Ein vergoldetes Relief (eine Art 3-D-Wandbild), der sogenannte Lichtbringer, leuchtet über dem Eingang einer noch schmaleren Gasse. Jetzt steht ihr direkt vor der Böttcherstraße. Hier fühlt ihr euch bestimmt ein wenig wie in einem Märchen: umgeben von ungewöhnlichen, verwinkelten und verschachtelten Bauwerken aus Backstein, die verziert sind mit kleinen Gängen und Rundbögen. Mittendrin ein wunderschönes Glockenspiel aus 30 Porzellanglocken. Vielleicht hört ihr es sogar läuten. Im Mittelalter lebten in dieser Straße die Böttcher, so nannte man damals die Handwerker, die Bottiche oder Fässer herstellten. Was aber haben die Fassmacher mit den Bau- und Kunstwerken in der Böttcherstraße zu tun? Da kommt der Kaffeehändler Ludwig Roselius ins Spiel: Dem reichen Kaufmann gefielen die Häuser so sehr, dass er vor ungefähr 100 Jahren ein Grundstück nach dem anderen kaufte. Die Gebäude waren allerdings in keinem guten Zustand, sie mussten dringend erneuert werden. Und weil Roselius sich nicht nur für Kaffee, sondern auch für Kunst interessierte, beauftragte er unter anderem den Künstler und Architekten Bernhard Hoetger, die Straße komplett neu zu gestalten. Und so wurde die Böttcherstraße nach und nach zu einem begehbaren Kunstwerk.

Bremer Geschichtenhaus

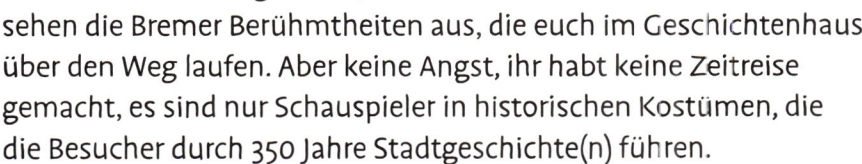

Ist das tatsächlich die berühmt-berüchtigte ➔ Gesche Gottfried, die euch hier ein Brötchen anbietet? Man könnte es fast glauben, so echt sehen die Bremer Berühmtheiten aus, die euch im Geschichtenhaus über den Weg laufen. Aber keine Angst, ihr habt keine Zeitreise gemacht, es sind nur Schauspieler in historischen Kostümen, die die Besucher durch 350 Jahre Stadtgeschichte(n) führen.

Schon der Ort, an dem sich das Museum befindet, ist ganz besonders: Das St. Jacobus Packhaus ist Bremens ältestes Packhaus – einst wurden hier verschiedene Waren wie Gewürze, Tabak oder Kaffee gelagert. Nehmt am besten den Weg durch die engen Gassen des ➔ Schnoor. Auch hier hat man das Gefühl, dass jemand die Zeit zurückgedreht hat.

Im Geschichtenhaus wird es nie langweilig, auch wenn man mehrmals dorthin geht – bei jedem Besuch erfahrt ihr Neues über Bremen. Und die Geschichte eurer Stadt wird hier richtig greifbar: Das Leben von damals wird euch quasi vorgespielt. Zwar arbeiten hier Laiendarsteller, also keine berühmten Schauspieler – das merkt man ihnen aber keineswegs an. Und wenn ihr selber mal in die Rolle von Kindern aus der damaligen Zeit schlüpfen möchtet, könnt ihr hier auch alte Kostüme ausleihen.

Bremer Schlüssel

Seht ihr, was da auf der Wolke schwebt? Genau so einen Schlüssel könnt ihr in Bremen an den unterschiedlichsten Orten entdecken: Auf dem Firmenzeichen einer bekannten Bremer Biermarke, auf den Kanaldeckeln der Stadt (das sind diese runden Abdeckungen auf den Gullys), auf verschiedenen Bremer Gebäuden, auf T-Shirts, sogar als Tattoo wurde er schon gesichtet. Und – natürlich – befindet er sich auf dem Landeswappen der Stadt. Ein Wappen ist so eine Art Erkennungszeichen einer Stadt oder eines Bundeslands, auch Vereine haben oft Wappen, und manche Familien besitzen sogar ein eigenes Familienwappen. Die Hamburger haben das Tor zur Welt, wir Bremer haben den Schlüssel dazu – so wird gern mal gescherzt. Man könnte also denken, dass der Schlüssel ein Zeichen für Weltoffenheit sei. Tatsächlich gilt der silberne Schlüssel auf dem Bremer Landeswappen als Himmelsschlüssel, den Christus an Petrus übergibt. Petrus wiederum wurde von dem Bischof ➜ Willehad zum Schutzpatron des Bremer ➜ Doms gemacht, und darum heißt dieser auch St.-Petri-Dom.

Breminale

Fünf Tage lang schallt es laut zwischen ➜ Weser-Stadion und Innenstadt: An die 100 Musikbands und Künstler verwandeln im Sommer den ➜ Osterdeich in ein kunterbuntes Festivalgelände. Mit dabei sind nicht nur Künstler aus anderen Ländern, sondern auch junge, nicht so bekannte Musiker oder Theatermacher aus Bremen.

Was geht mich das an?, fragt ihr euch vielleicht. Ist doch nur was für Erwachsene. Nee, stimmt nicht, auf dem Breminale-Deich dreht sich nicht nur alles um laute Musik und schräge Kunst für Große – Kinder kommen auf der Breminale ebenfalls voll auf ihre Kosten. Ein Teil des Festivalprogramms richtet sich näm ich an euch. Überall auf dem Festivalgelände geht es richtig kreativ zur Sache, es wird gemalt, gebaut und gebastelt, Kindertheater präsentieren ihre Stücke, und Musik gibt es natürlich auch: Verschiedene Bands spielen coole Hip-Hop-Beats oder Mitsing-Stücke für die Kleinen. Und das natürlich alles „open air", also unter freiem Himmel – oder in einem der bunten Zelte, denn manchmal meint es der Wetter-gott nicht so gut mit den Festivalbesuchern.

Der Bürgerpark ist nicht nur ein Park **für** die Bürger einer Stadt, sondern auch ein Park **von** Bürgern! Alle Bäume, Büsche und Bänke des Parks sind nämlich von Bremern bezahlt worden. Und das kam so: In der Mitte des 19. Jahrhunderts – also vor ungefähr 150 Jahren – kam der Bremer Kaufmann Johann Hermann Holler auf die Idee, in Bremen einen „Volksgarten" einzurichten, es gab nämlich wenig Grünflächen mit Schatten in der Stadt. Und so wurde auf der Gemeindeweide, auf der früher die Kühe grasten, eine Erholungsfläche für alle Bürger der Stadt geplant. Weil der Senat kein Geld dazugeben wollte, gründete sich flugs eine Bürgerinitiative, die sich um die Planung der Parkanlage und die Beschaffung von Spendengeldern kümmerte. Und so ist es auch heute noch: Das Geld für den Park kommt von Spenden – und auch vom Losverkauf der Bürgerpark-Tombola. Wenn ihr also im Frühjahr ein Los bei der Tombola kauft, dann gehört euch mindestens ein Gänseblümchen auf der Wiese vor dem Parkhotel – aber bitte nicht abpflücken! Überall im Park trefft ihr auf Wasserläufe, die sich unter romantischen Brücken hindurchschlängeln.
Leiht euch doch mal mit euren Eltern ein Ruder-
boot – Picknickkorb nicht vergessen!
Und wenn es im Winter richtig
kalt wird, könnt
ihr sogar auf
Schlittschuhen
eine Runde durch
den Park drehen.

Bürgerweide

Habt ihr schon mal darüber nachgedacht, warum auf der Bürgerweide kein einziges Tier grast? Kein Wunder, denkt ihr vermutlich,
schließlich wächst auf der zugepflasterten Fläche zwischen Hauptbahnhof, Stadthalle und Schlachthof ja kaum ein Grashalm, die Bürgerweide ist seit Langem ein riesiger Parkplatz. Ein paar Ausnahmen
gibt es allerdings: Wenn der ➜ Freimarkt oder die Osterwiese statt-
finden oder wenn in den Sommermonaten die Flohmarktstände
aufgebaut werden, sind viele der Autos plötzlich verschwunden.

Aber zurück zur Bürgerweide. Die war nämlich früher wirklich
mal ein ausgedehntes Weidegebiet, auf dem bis zu 1.000 Kühe und
sogar einige Pferde grasten. Genug Platz gab es ja, denn die Bürgerweide war um einiges größer als jetzt: ➜ Bürgerpark, Stadtwald und
sogar der Bahnhof gehörten damals zu der großen Weidefläche. Einer
Legende zufolge sollen Bremer Bürger die reiche und großzügige
➜ Gräfin Emma im Jahr 1032 darum gebeten haben, ihnen Weideland
zu schenken. Die wiederum war einverstanden, dem Volk so viel
Land zu übergeben, wie ein Mann an einem Tag umgehen kann. Ihr
Schwager Benno allerdings fürchtete um sein Erbe und bestimmte
einen „Krüppel", das Land zu umgehen. Dieser kroch unerwartet
schnell über das Land, und so war die zukünftige Bürgerweide viel
größer als erhofft. Wie viel Wahrheit hinter dieser Legende steckt,
weiß allerdings keiner so genau. Dem „Krüppel" wurde jedenfalls zu
Füßen des ➜ Rolands ein Denkmal gesetzt.

Café Sand

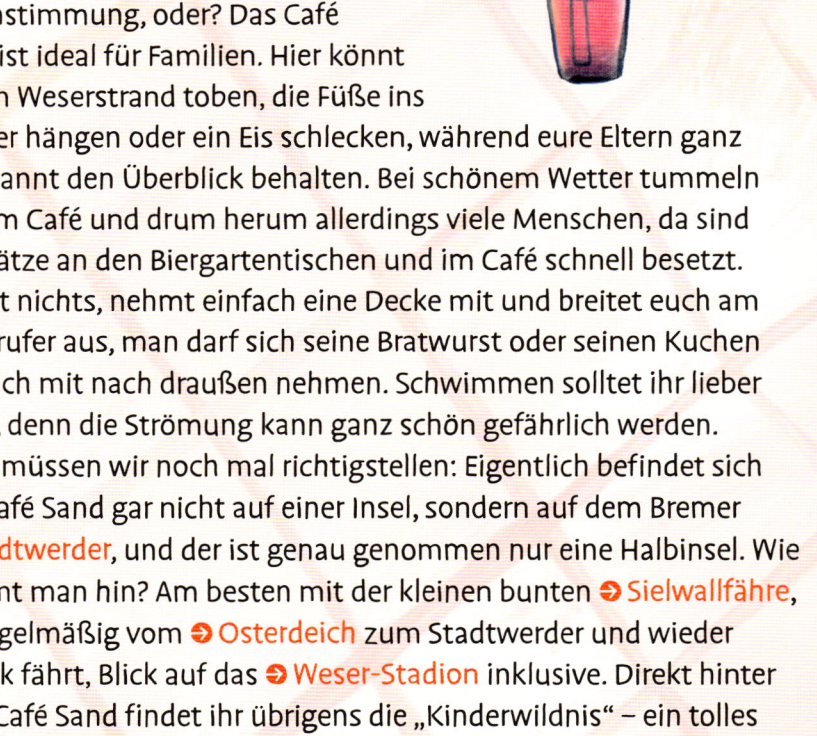

Ein Strandcafé auf
einer Flussinsel
mit Blick auf die
Kirchtürme der
Innenstadt: Das
klingt schon sehr nach
Ferienstimmung, oder? Das Café
Sand ist ideal für Familien. Hier könnt
ihr am Weserstrand toben, die Füße ins
Wasser hängen oder ein Eis schlecken, während eure Eltern ganz
entspannt den Überblick behalten. Bei schönem Wetter tummeln
sich im Café und drum herum allerdings viele Menschen, da sind
die Plätze an den Biergartentischen und im Café schnell besetzt.
Macht nichts, nehmt einfach eine Decke mit und breitet euch am
Weserufer aus, man darf sich seine Bratwurst oder seinen Kuchen
nämlich mit nach draußen nehmen. Schwimmen solltet ihr lieber
nicht, denn die Strömung kann ganz schön gefährlich werden.
Eines müssen wir noch mal richtigstellen: Eigentlich befindet sich
das Café Sand gar nicht auf einer Insel, sondern auf dem Bremer
➲ Stadtwerder, und der ist genau genommen nur eine Halbinsel. Wie
kommt man hin? Am besten mit der kleinen bunten ➲ Sielwallfähre,
die regelmäßig vom ➲ Osterdeich zum Stadtwerder und wieder
zurück fährt, Blick auf das ➲ Weser-Stadion inklusive. Direkt hinter
dem Café Sand findet ihr übrigens die „Kinderwildnis" – ein tolles
Gelände für alle, die Spaß am Klettern und Toben und Lust auf
Aktionen in der Natur haben.

Robinson Crusoe

Robinson Crusoe, das ist doch dieser Schiffbrüchige, den es vor langer, langer Zeit auf eine einsame Insel verschlagen hat, oder? Was hat denn der mit Bremen zu tun? Wenn ihr schon den Abschnitt über die ➔ Böttcherstraße gelesen habt, dann erinnert ihr euch vielleicht an den Kaffeehändler Ludwig Roselius, der dort vor fast 100 Jahren viele Gebäude neu geplant hat. Das letzte Haus in der Straße, das nach seinen Plänen gebaut wurde, ist das Robinson-Crusoe-Haus. Der hat natürlich nie dort gewohnt, denn der Abenteuerroman über den berühmten Schiffbrüchigen erschien ja bereits im Jahr 1719, also 200 Jahre vor dem Bau des Robinson-Crusoe-Hauses! Und überhaupt ist Crusoe eine erfundene Gestalt, obwohl der Autor des Buchs sich wohl von einer wahren Begebenheit hat anregen lassen. Warum heißt das Haus dann so? Deswegen: Gleich auf den ersten Seiten des Romans erfahren die Leser, dass der Vater von Robinson ein Bremer Kaufmann war, der nach England ausgewandert ist. Außerdem wollte Ludwig Roselius mit dem Gebäude an den Tatendrang des Seemanns Crusoe erinnern. Schaut doch mal hinein in die Böttcherstraße Nr. 1: Im Treppenhaus zeigen geschnitzte Holztafeln Szenen aus der Geschichte über Crusoe.

Dom

Könnt ihr euch vorstellen, dass dort, wo heute der Bremer Dom steht, nur eine Sanddüne war? Im Jahr 789 nämlich ließ der Bischof ➔ Willehad auf der Domdüne ein hölzernes Kirchlein bauen. Die kleine Holzkirche wurde allerdings nur wenige Jahre später im Sachsenkrieg zerstört. Bald darauf entstand am gleichen Ort eine Steinkirche. Im Lauf der Jahrhunderte wurde der Dom aber immer wieder durch Brände oder Bombenangriffe im Krieg beschädigt. Im Jahr 1041 zum Beispiel zerstörte ein Feuer große Teile der Bremer Altstadt. Der Grund: Zwei Domherren sollen sich um das Amt des Domprobstes gestritten haben, und derjenige, der das Amt nicht bekam, soll aus Wut den Dom in Brand gesetzt haben. Erst um 1900 wurde die Kirche mit ihren zwei Türmen umfassend renoviert.

Den Südturm dürft ihr besteigen: Klettert mal die 265 Stufen der schmalen Wendeltreppe hoch. Von der fast 100 Meter hohen Aussichtsplattform habt ihr bei klarem Wetter einen tollen Blick über die Bremer Innenstadt und könnt sogar bis zum Schwarzen Meer blicken (so heißt eine Straße in der Östlichen Vorstadt)! Überhaupt lohnt es sich, die älteste und größte Kirche Bremens von innen und außen zu erforschen. Wusstet ihr zum Beispiel, dass sich im Ostchor eine kleine Steinmaus versteckt hat? Die berühmte Bremer Dom-Maus galt im Mittelalter als eine Art Schreckgestalt, die die bösen Geister verscheuchen sollte.

Georg Droste

„Dat weer mal en Mann, de harr vele Johrn en'n Esel." Das war der erste Satz aus den Bremer ➜ Stadtmusikanten – auf Plattdeutsch! Auf Hochdeutsch heißt das in etwa: „Es war einmal ein Mann, der hatte viele Jahre einen Esel." Gar nicht so schwer, oder?

Wer Plattdeutsch versteht, kann auch die Bücher von Georg Droste lesen. Viele ältere Bremer erinnern sich bestimmt noch an die Texte des plattdeutschen Schriftstellers aus Bremen. Droste, der von 1866 bis 1935 lebte, wuchs in ärmlichen Verhältnissen am ➜ Osterdeich auf. Gern wäre er Lehrer geworden, aber seine Eltern hatten nicht genug Geld für eine lange Ausbildung. So arbeitete er zunächst als Laufjunge in einem Buchgeschäft und bildete sich nebenher weiter. Mit 20 Jahren zog er sich eine Augenkrankheit zu – und erblindete. Seinen Lebensmut aber ließ er sich nicht nehmen: Droste heiratete und wurde Vater von fünf Kindern. Den Unterhalt für sich und seine Familie verdiente er als Korbflechter und Musiker. Seine älteste Tochter hatte eines Tages die Idee, dass ihr Papa ihr die Geschichten aus seiner Kindheit diktieren könnte, die er seinen Kindern gern erzählte. Richtig bekannt wurde er dann mit den „Ottjen Alldag"-Bänden. Die handeln von einem pfiffigen Jungen aus armseligen Verhältnissen, der direkt hinterm Osterdeich aufwächst – natürlich auf Plattdeutsch. Inzwischen kann man übrigens an ein paar Bremer Grundschulen sogar Plattdeutsch lernen. Na, denn man to!

Eiswette

Jedes Jahr am Dreikönigstag – also am 6. Januar – frieren jede Menge Zuschauer am Weserdeich und warten auf den kleinen Schneider in Frack und Zylinder. Der soll nämlich mit einem heißen Bügeleisen in der Hand prüfen, ob die ➔ Weser „geiht oder steiht", also ob sie fließt oder gar zugefroren ist. Begleitet wird das Spektakel von noch mehr kostümierten Herren, und auch die Heiligen Drei Könige schauen zu. Dabei erzählt der Schneider noch ein paar freche Geschichten über Politik und Kultur, und schon wirft er ein paar Steinchen ins Wasser. Alles klar, die Weser geiht. Zugefroren war sie übrigens zuletzt vor fast 70 Jahren, im Winter 1946. Inzwischen wurde der Fluss längst begradigt und fließt viel zu schnell, um zuzufrieren. So wechselt der Schneider also gut gelaunt die Weserseite, allerdings nicht zu Fuß, sondern mit dem Schiff.

Im Jahr 1829, als die erste Eiswette durchgeführt wurde, war es allerdings tatsächlich wichtig, dass die Weser eisfrei blieb, denn sonst konnten die Schiffe nicht fahren. So kamen damals ein paar Bremer Kaufleute auf die Idee, um ein vergnügliches Mahl zu wetten. Auch heutzutage endet die Eiswette mit einem leckeren Essen – dem Eiswettfest –, an dem wichtige Menschen aus Politik und Wirtschaft teilnehmen. Gewettet wird aber nicht mehr, sondern gespendet: an die Deutsche Gesellschaft zur Rettung Schiffbrüchiger.

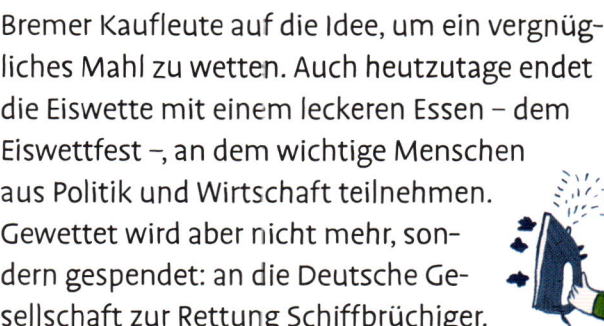

Gräfin Emma

Kommt euch der Name Gräfin Emma von Lesum bekannt vor? Nein? Aber bestimmt kennt ihr den Emmasee im ❯ Bürgerpark oder habt vielleicht mal im „emma am see" eine leckere Torte gefuttert. Oder ihr seid schon einmal durch die Emmastraße im Stadtteil Schwachhausen gefahren oder habt gesehen, wie ein Schiff namens „Gräfin Emma" über die ❯ Weser geschippert ist? Klingelt es noch immer nicht? Dann erinnert ihr euch aber ganz bestimmt an den Abschnitt über die ❯ Bürgerweide, in dem von einer großzügigen Gräfin die Rede ist, die den Bremern ein großes Stück Weideland geschenkt haben soll. Eine richtig berühmte Bürgerin war diese Emma und so reich, dass ihr ein großer Teil des Stadtgebiets gehörte. Die wohlhabende Gutsbesitzerin wurde um 980 geboren und half vor allem den Armen und Notleidenden. Da sie sehr fromm gewesen sein soll, hat sie auch die Kirche mit Geldgaben und Geschenken unterstützt. Und weil die Bremer zu Recht so stolz auf „ihre" Emma waren, erinnern noch weitere Denkmäler an die Gutsherrin: So steht in der Nähe des Emmasees eine Steinbank mit einer eingemeißelten Danksagung, die St.-Johann-Kirche im ❯ Schnoor schmückt ein Fenster mit „Emmabildern", und in der Emmastraße erinnert eine Skulptur an die Gräfin. Vielleicht habt ihr ja eine Freundin namens Emma? Dann begebt euch doch mal gemeinsam auf Emma-Spurensuche!

Essighaus

Unter einem Kaffeehaus kann man sich wohl etwas vorstellen, aber was ist ein Essighaus? Das Haus, das so heißt, steht in der Langenstraße 21, und hier wurde zu Beginn des 19. Jahrhunderts Essig hergestellt – aber auch Bier gebraut. Und weil das Gebäude von außen besonders hübsch und ungewöhnlich war, wollte sogar ein Museum die Fassade, also die „Außenhülle", des Essighauses kaufen. Nun stellt euch mal ein Haus ohne Fassade vor …

Das Essighaus wurde 1618 erbaut und war ein Giebelhaus, das heißt ein Gebäude mit einer besonderen Dachspitze. Und warum „war", das Haus steht doch noch? Das stimmt wohl, aber es wurde während des Zweiten Weltkriegs bis auf das Erdgeschoss zerstört und nach dem Krieg neu aufgebaut. Wie gut, dass ein Teil der Fassade gerettet werden konnte. Für die Neugestaltung wurden sogar Teile eines anderen Gebäudes am Domshof verwendet. An den Schmuckgiebel allerdings erinnern nur noch alte Fotos. Diese schmuckvollen, prächtigen Häuser waren typisch für den damaligen Baustil, den man Weser-Renaissance (sprich: Weser-Reeneessongs) nennt. Die Kaufmannshäuser waren gleichzeitig Lager-, Büro- und Wohnhäuser. Praktisch, so hatten die Kaufleute keinen langen Arbeitsweg.

Übrigens: Direkt nebenan steht noch ein besonderes Gebäude, die Stadtwaage. Hier mussten die Bürger früher ihre Waren wiegen lassen.

REENEESSONGS

Fallturm

Den Fallturm habt ihr bestimmt schon einmal gesehen: Das ist ein schmaler hoher Turm, der aussieht wie eine Rakete kurz vor dem Start ins Weltall. Oder wie ein 150 Meter hoher Bleistift. Seit 1990 steht er auf dem Bremer Campus – so heißt das Universitätsgelände –, nicht weit entfernt vom ➲ Universum. Auch wenn er nicht ins All zischen wird, der Raketenturm hat eine Menge mit der Raumfahrt zu tun. Der Fallturm gehört nämlich zum Zentrum für angewandte Raumfahrttechnologie und Mikrogravitation (ZARM) und ist eine Art Forschungslabor für Schwerelosigkeit. Im Inneren des Turms fällt eine kleine Kapsel in einer Röhre nach unten – und für eine kurze Zeit befindet sich diese Kapsel im Zustand der Schwerelosigkeit.

Kennt ihr den Power Tower auf dem ➲ Freimarkt? Die Menschen, die sich in den 70 Meter hohen Freifallturm hineintrauen, erleben ebenfalls ganz kurz den Zustand der Schwerelosigkeit. In der Kapsel im Fallturm sitzen zwar keine Menschen, dafür befinden sich dort verschiedene Gegenstände, und die werden von einer Kamera gefilmt. So können Wissenschaftler aus aller Welt genau untersuchen, was mit diesen Dingen während der Schwerelosigkeit passiert.

Übrigens kann man im Fallturm sogar heiraten, und zwar ganz oben in der Fallturmspitze – da ist man dem berühmten siebten Himmel schon sehr nah ...

Fisch-Lucie

Stellt euch vor, ihr hättet 17 Kinder und würdet jeden Tag früh auf den Markt verschwinden, um Fische zu verkaufen. Kaum zu glauben, aber so sah das Leben von Johanna Lucie Henriette Flechtmann, genannt Fisch-Lucie, vor ungefähr 130 Jahren aus. Nach zwei Ehen stürzte sich Lucie mit großem Eifer auf den Fischhandel, sie fuhr früh mit ihrem Boot zu den Fischkuttern, kaufte den gesamten Fang auf und pries Hering, Lachs und Scholle in breitem Plattdeutsch auf dem ➔ Marktplatz an. So ziemlich jeder Bremer kannte und mochte die geschäftstüchtige Marktfrau, die immer einen flotten Spruch auf den Lippen und viel Herzensgüte für die Armen hatte. Wenn allerdings jemand behauptete, ihre Ware sei nicht frisch, konnte es durchaus sein, dass sie der Person den (frischen!) Fisch um die Ohren schlug. Ab und an musste sie wegen ihrer Handgreiflichkeiten sogar vor den Richter, wurde aber immer wieder nach Hause geschickt. Es scheint so, als konnte ihr nichts nachgewiesen werden. Als Lucie 1921 starb, war der Friedhof in der Bremer Neustadt komplett überfüllt – 35.000 Menschen wollten von dem Bremer Original Abschied nehmen.

Focke-Museum

Was hat der Kopf vom Bremer → Roland mit dem Focke-Museum zu tun? Ganz einfach, sein Originalkopf (also der aus Stein) steht im Bremer Landesmuseum für Kunst und Kulturgeschichte, so heißt das Focke-Museum eigentlich. Der Rufname stammt von Johann Focke. Er lebte von 1848 bis 1922 und sammelte schon lange bevor das Museum eröffnet wurde, typische Gegenstände aus der damaligen Zeit, zum Beispiel Schmuckkästchen, Schiffsmodelle oder auch Kinderspielzeug. Die Bremer Bürger fanden das so klasse, dass viele ihm auch ihre eigenen Schätze schenkten. So wurde diese Sammlung immer größer, und im Jahr 1900 gründete Johann Focke das Historische Museum. 1924 wurde es mit dem Gewerbemuseum zusammengelegt. Nach mehreren Umzügen landete es 1964 im jetzigen Gebäude mitten im Riensberger Park. Zu dem Museum gehören noch fünf andere Gebäude, zum Beispiel das Haus Riensberg und auch die Mühle in Oberneuland.

Und was gibt es im Focke-Museum zu sehen? Es geht vor allem um die Geschichte Bremens: wie die Bremer früher lebten, was sie gebaut haben, woran sie Spaß hatten. Und natürlich gehört dazu auch das Leben der Kinder, früher und heute. Könnt ihr euch vorstellen, womit die Kinder vor 100 Jahren gespielt haben? Seht euch doch mal die große Spielzeugsammlung an! Überhaupt gibt es im Focke-Museum ganz oft Sonderausstellungen für Kinder und tolle Ferienaktionen.

Wollt ihr nun wissen, warum der Kopf des Rolands hier gelandet ist? Dann lest doch mal in dem Abschnitt über den Roland!

Freimarkt

Mit der „Wilden Maus" steil nach
unten rasen, die Nase in eine riesige
Zuckerwattentüte stecken oder
mit dem Kettenkarussell durch die
Luft fliegen – hurra, Ischa Freimaak!
Wusstet ihr, dass der Freimarkt eines
der ältesten Volksfeste Deutschlands ist?
Bereits im Jahr 1035 erhielten die Bremer
Händler zum ersten Mal die Erlaubnis, ihre
Waren frei, also öffentlich, anzubieten.
Karussells und Zuckerstangen gab es
damals allerdings noch nicht, stattdessen
verkauften die Händler Lebensmittel, Stoffe
und Werkzeuge. Zu dieser Zeit ging es sehr laut und
lebendig zu, wenn die Marktschreier ihre Waren ausriefen und die
Sänger und Gaukler den neuesten Klatsch und Tratsch unter die
Leute brachten. Zu einem Vergnügungsmarkt, wie wir ihn kennen,
wandelte sich der Freimarkt erst vor ungefähr 200 Jahren. Die
ersten Karussells wurden noch mit einer Handkurbel in Schwung
gebracht oder von echten Pferden gezogen und später mit Dampf
betrieben. Bis vor 140 Jahren bekamen alle Kinder während der
Freimarktzeit schulfrei! Weil der Markt immer größer wurde, zog
er mehrmals um und fand im Jahr 1934 seinen endgültigen Platz
auf der ➔ Bürgerweide. Inzwischen kommen jedes Jahr über vier
Millionen kleine und große Besucher. Und wer den nächsten
Freimarkt nicht abwarten kann, macht am besten im Frühling
einen Abstecher auf die Osterwiese.

Gericht

Bestimmt wart ihr schon einmal in der Zentral-
bibliothek am Wall und habt euch mit Büchern
eingedeckt. Habt ihr euch mal die Gebäude direkt
nebenan angesehen? Mit seinen runden Ecktür-
men und den Rundbögen sieht das alte Gerichts-
haus fast aus wie ein Schloss – und das mitten in
der Bremer Innenstadt. Eigentlich handelt es sich
gar nicht um ein Haus, sondern um mehrere Gebäude, die über steinerne Brücken miteinander verbunden
sind und sich bis zur Domsheide hinziehen.

Im Jahr 1892, also vor mehr als 120 Jahren, wurde der Bau begon-
nen, drei Jahre später konnten die ersten Gerichte einziehen. Leider
waren die Räume schon bald zu eng, und so wurde das Gebäude bis
zur Ecke Ostertorstraße und Buchtstraße verlängert. Direkt nebenan
waren früher Frauen und Männer eingesperrt, gegen die wegen einer
vermutlichen Straftat ermittelt wurde. Diesen Teil des Gebäudes
erkennt man noch gut an den vergitterten Fenstern. Heute befindet
sich hier – bis auf einige übrig gebliebene Haftzellen – die Staats-
anwaltschaft. Im Hauptgebäude entlang der Ostertorstraße und der
Domsheide urteilen auch heute die Richter und Richterinnen über
Recht und Unrecht. Seit 1992 steht das Gebäude unter Denkmal-
schutz, das heißt, es darf nicht einfach so umgebaut oder abgerissen werden. Schaut euch einmal die Fassade und die Innenhöfe an –
vielleicht seht ihr ja bei Regen die Wasser speienden Drachen oder
entdeckt die zehn Tafeln mit den Zehn Geboten?

Gesche Gottfried

Diese Frau ist richtig berühmt, aber aus
einem grausigen Anlass. Gesche Gottfried
vergiftete zwischen 1813 und 1827 ihre Eltern,
ihre drei Kinder, ihren Zwillingsbruder und
ihre zwei Ehemänner sowie acht weitere
Menschen, zumeist Freunde oder Bekannte. All
diesen armen Menschen mischte sie Mäusebutter
ins Essen. Dieses Schmalz, das mit Gift vermischt war,
war eigentlich dafür bestimmt, Mäuse oder Ratten anzulocken und
zu töten. Keiner hatte die junge Frau verdächtigt – im Gegenteil,
sie wurde sogar als „Engel von Bremen" bezeichnet, weil sie Kranke
aufopfernd pflegte. Erst im März 1828 bemerkte der Handwerker
Johann Christian Rumpf, bei dem Gesche als Haushaltshilfe
arbeitete, merkwürdige weiße Kügelchen auf seinem Speck und
ließ ihn von seinem Hausarzt untersuchen. Und siehe da: In dem
Fleisch war Arsen, ein tödliches Gift – Gesche Gottfried landete
schnurstracks im Gefängnis. Keiner hat jemals herausgefunden,
warum sie zu einer Massenmörderin wurde. Drei Jahre später wurde
sie unter den Augen von 35.000 Bürgern auf dem Domshof mit
dem Schwert enthauptet. Das war übrigens das letzte Mal, dass
in Bremen jemand öffentlich hingerichtet wurde. An dem Ort der
Hinrichtung erinnert der sogenannte Spuckstein – ein Pflasterstein
mit einem Kreuz – an das grausige Geschehen vor fast 200 Jahren.
Es könnte also gut sein, dass ihr dort jemanden seht, der angewidert
auf den Boden spuckt ... Lauft einfach mal 20 große Schritte von der
Nordseite des ➔ Doms Richtung ➔ Neptunbrunnen und schaut auf
den Boden.

30

Glocke

War das jetzt eine Geige oder eine Bratsche? Oder ein Cello? In der Glocke, dem Bremer Konzerthaus auf der Südseite des ⊃ Doms, könnt ihr den Unterschied live hören. Vielleicht bei einem der Familienkonzerte: Da schnappt ihr euch ein Sitzkissen und lauscht dem Orchester von Nahem. Aber nicht nur das: In der Glocke finden auch regelmäßig Veranstaltungen statt, bei denen Kinder zu den verschiedenen Instrumenten greifen dürfen, und wann hat man schon mal Gelegenheit dazu? Der weltberühmte Dirigent Herbert von Karajan hat mal gesagt, dass die Glocke zu den drei besten Konzertsälen Europas zählt, und das liegt vor allem an dem besonderen Klang. Im 9. Jahrhundert war übrigens dort, wo jetzt berühmte Musiker auftreten, ein Kloster, später dann ein Kapitelhaus, in dem sich die Kirchenleute trafen. Sogar Gerichtssitzungen wurden in der Glocke abgehalten. Damals sah das Gebäude tatsächlich ein bisschen aus wie eine Glocke. Seit 1857 gehörte das Gebäude dann dem Künstlerverein, ein paar Jahre später wurde es zu einem Konzerthaus. Im Jahr 1915 war erst einmal Schluss mit der Musik: Bei einem großen Feuer brannte die Glocke fast vollständig aus. Ungefähr zehn Jahre später wurde dann das Gebäude gebaut, das sich auch heute noch ganz nah an den Dom kuschelt.

Gluckhenne

Was hat ein Huhn mit Bremen zu tun? Wenn man der berühmten Sage von der Bremer Gluckhenne glaubt, dann verdanken wir es einer Henne, dass es Bremen überhaupt gibt!

Die Sage geht so: Vor ganz, ganz langer Zeit – im Jahr 778 – flüchtete ein Grüppchen heimatloser Fischer mit ihren Kähnen über die ➔ Weser. Da sahen sie ganz plötzlich im Strahl der sinkenden Sonne eine Henne mit Küken auf einer Weserdüne. Die Fischer glaubten an ein Zeichen der Götter und folgten dem Federvieh. Und weil ihnen die Gegend so gut gefiel, schlugen sie dort, wo die Henne Schutz gesucht hatte, ihre Hütten auf. So entstand nach und nach eine Siedlung, die den Namen Bremen bekam. Hinter dem Wort verbirgt sich vermutlich der lateinische Begriff „bremun", was so viel wie „an den Rändern" bedeutet, womit der Rand der Düne und des Flusses gemeint sein könnte.

Auch die Gluckhenne hat ihren Platz gefunden, die sitzt nämlich mit ihren Küken auf dem zweiten Arkadenbogen von links auf dem ➔ Rathaus und wird uns noch lange an diese wunderbare Sage erinnern.

Hafenmuseum Speicher XI

Decksmänner und Leichtmatrosinnen, aufgepasst:
Versetzt euch einmal in das Leben der Hafenarbeiter und Seeleute vor über 50 Jahren. Stellt
euch vor, ihr müsstet Tag für Tag und oft auch in der
Nacht die schweren Baumwollballen am Flaschenzug
in die Speichergebäude hieven oder die Schiffe mit
Kaffeesäcken beladen. Dann doch lieber in die Schule
gehen, oder? Vor über zehn Jahren wurde eines der denk-
malgeschützten Gebäude am Speicher XI in ein Museum
über das Leben im Hafen umgewandelt. So können Erwachsene und Kinder einfach mal in die maritime Welt von früher abtau-
chen. Tagtäglich liefen damals die „großen Pötte" aus Übersee in
den Bremer Hafen ein, damit dort jede einzelne Kiste, jeder Sack und
jedes Fass verladen werden konnte. Inzwischen wurde das Hafenbecken längst zugeschüttet, nur die alten Speicherhallen sehen noch
fast so aus wie früher. Der Speicher XI ist übrigens eines der längsten
Gebäude der Stadt, ungefähr so lang wie eine Runde um den Sportplatz. Im Museum könnt ihr versuchen, einen Kaffeesack hochzu-
hieven oder einen Knoten zu schlagen. Habt ihr schon einmal rohe
Baumwolle angefasst, und wusstet ihr, dass manche Hafenarbeiter
heimlich die Fässer angestochen haben, um sich ein Schlückchen
Wein zu mopsen? Auf geht's, der Hafen wartet auf euch!

Wisst ihr, was die beiden Buchstaben auf den Bremer
Autokennzeichen bedeuten? Das „B" steht für Bremen, klar.
Und das „H"? Es bedeutet „Hansestadt", genau wie bei „HH" für
„Hansestadt Hamburg". Beide Städte gehörten nämlich zur Hanse.
In der Mitte des 12. Jahrhunderts hatten sich im Norden und Osten
Deutschlands viele Kaufleute und später dann sogar ganze Städte
zusammengeschlossen, um gemeinsam Geschäfte zu machen oder
gegen Piraten und Räuber zu kämpfen. Diesen Zusammenschluss
nannte man damals Hanse. Ab 1358 gehörte auch die Stadt Bremen
zu diesem Verbund, allerdings hielten sich die Bremer Kaufleute
nicht immer an die Abmachungen innerhalb der Hanse. Zur Strafe
wurden sie deshalb mehrere Male „verhanst", also aus der Hanse
ausgeschlossen. Im Jahr 1400 zum Beispiel kämpften schwer
bewaffnete Hanse-Kämpfer auf ihren ➔ Koggen (so hießen die
Segelschiffe der Hanse) gegen Klaus Störtebeker und seine Mannen –
nur die Bremer unterstützten ihre Hanse-Partner nicht, sie gingen
eigene Wege ...

Heutzutage gibt es zwar die Hanse schon lange nicht mehr,
aber dennoch werden wohlhabende Bremer Kaufleute immer noch
gern als „Hanseaten" bezeichnet. Und manche Städte tragen die
Bezeichnung eben nach wie vor stolz im Namen, so wie die
„Freie Hansestadt Bremen".

Herdentor

Als ihr noch kleiner wart, habt ihr euch im Urlaub vielleicht Sandburgen gebaut, oder? Und dann habt ihr bestimmt auch einen Wall um die Burg herum aufgeschüttet. So einen Wall um eine Burg hatten im Mittelalter viele Städte: Man vermutet, dass Bremen im 13. Jahrhundert von einer Stadtmauer und einem Graben umgeben war, damit die Bewohner sich vor Angreifern schützen konnten. Wenn ihr die Straße Am Wall entlanglauft, seht ihr ganz gut, wie der Wallgraben auch jetzt noch die heutige Innenstadt bis zur ➲ Weser umschließt. Damals war Bremen noch eine kleine Siedlung, gleich hinter der Stadtbefestigung weidete das Vieh auf der ➲ Bürgerweide! So entstand gleichzeitig mit der Stadtmauer am Nordende der Stadt ein Tor, durch das die Herden auf die Weide getrieben werden konnten. Und das wurde – ihr ahnt es schon – das „Herdentor" genannt. Das Tor hatte sogar einen hohen gewölbten Turm, auf dem eine Wappentafel befestigt war. Ungefähr 600 Jahre später wurden Turm und Tor abgerissen. Der damalige Weg zum Herdentor – der Herdentorsteinweg – ist inzwischen schon lange eine Hauptstraße, die vom Hauptbahnhof zur ➲ Sögestraße führt. Jetzt könnt ihr euch vielleicht sogar denken, was die Söge (= Schweine) mit dem Herdentor zu tun haben? Wenn nicht, lest doch mal den Abschnitt zur Sögestraße!

Heini Holtenbeen

Noch so ein stadtbekanntes Bremer Original, genau wie
➔ Gesche Gottfried. Aber die Geschichte um den einbeinigen Bettler
Heini Holtenbeen („Holzbein"), der vor ungefähr 150 Jahren im
➔ Schnoor lebte, ist längst nicht so gruselig. Die geht nämlich so:
Der Tabakprüfer Jürgen Heinrich Keberle, so hieß Holtenbeen mit
richtigem Namen, stürzte während seiner Lehrzeit vom Dachstuhl.
Seitdem hatte er ein steifes Bein (nein, kein Holzbein!) und war
auch nicht mehr so recht bei Verstand. So schlurfte er Tag für Tag
mit seinem abgewetztem Mantel, zerbeultem Hut und Stock durch
die Bremer Altstadt und sammelte vor dem Eingang der Börse
Zigarrenkippen ein. Die Tabakreste verkaufte er den Leuten als
Pfeifentabak, mischte noch ein paar Pferdeäpfel dazu (igitt!), und
von dem Verkauf lebte er dann mehr schlecht als recht. Ab und zu
nahm er den Leuten auch ein bisschen Geld ab, nur leihweise, so
versprach er es zumindest. Und während er so durch die Straßen
zog, ließ er so manchen klugen plattdeutschen Spruch los. Zwar hat
er die Leute manchmal auch ein bisschen erschreckt, aber so richtig
böse war er nie. Im Gegenteil, die meisten mochten ihn sogar. Und
weil Heini Holtenbeen als ein echtes Bremer Urgestein gilt, wurde
ihm im Jahr 1990 ein Denkmal gesetzt – das steht natürlich im
Schnoor.

Industriehafen

Was hat ein Hafen mit der Industrie, also der Herstellung von großen Maschinen und Anlagen oder Gütern, zu tun? Eine ganze Menge! Fahrt mal am rechten Weserufer entlang Richtung Gröpelingen, dann seht ihr auf der linken Seite am Wasser riesige Lagerhallen, Fabriken und sogar ein Kraftwerk. Das sieht nicht besonders heimelig aus, oder? Es lohnt sich aber, genauer hinzuschauen, denn der Hafen ist ein ganz wichtiger Teil unserer Stadt. Hier liefern seit mehr als 100 Jahren große Frachtschiffe Rohstoffe und Waren an oder befördern sie auf dem Seeweg in andere Länder. Und was für Güter sind das? Zum Beispiel Stahlprodukte, Kohle, Erze, Granit oder Natursteine, sogar ganze Autoteile werden per Bahn oder Lkw angeliefert und von dort aus zum Beispiel nach Amerika verschifft. Wie passen die dicken Pötte aber bei Ebbe in das Hafenbecken? Dafür sorgt die Oslebshauser Schleuse: Die Schiffe kommen mit auflaufendem Wasser Richtung Hafen gefahren und werden dann ins Hafenbecken geschleust. Damit das alles reibungslos klappt, arbeiten im Industriehafen in ungefähr 50 Unternehmen über 3.000 Menschen – vielleicht kennt ihr sogar jemanden, der euch etwas mehr über den Hafen und die Arbeit dort erzählen kann. Wie wäre es, wenn ihr euch von einem Ausflugsschiff vom Martinianleger ins Hafengebiet schippern lasst? Von der Wasserseite aus hat man nämlich einen besonders guten Blick in die Hafenbecken, und vielleicht dürft ihr ja sogar durch die Schleuse fahren.

INS

Platt ist cool – davon sind die Mitarbeiterinnen und Mitarbeiter vom Institut für niederdeutsche Sprache (kurz: INS), das seinen Sitz im ➜ Schnoor hat, überzeugt. Platt, das ist die Abkürzung für Plattdeutsch oder Niederdeutsch. Das INS setzt sich dafür ein, dass die niederdeutsche Sprache und Kultur nicht vergessen werden, Plattdeutsch gilt nämlich als eine bedrohte Sprache. Bedrohte Tierarten kennt man ja, aber wie kann denn eine Sprache vom Aussterben bedroht sein? Früher wurde in den norddeutschen Familien oft Platt gesprochen, die Sprache wurde selbstverständlich von einer Generation zur nächsten weitergegeben, von den Urgroßeltern zu den Großeltern und von den Großeltern zu den Eltern und von den Eltern zu den Kindern. Leider gibt es heutzutage immer weniger Leute, die noch fließend Platt sprechen können. Vielleicht habt ihr ja noch einen Opa oder eine Oma, die mit euch ein wenig Platt snacken? Damit das Plattdeutsche nicht langsam aus unserem Alltag verschwindet, möchte das INS besonders junge Leute für die Sprache begeistern und arbeitet mit Schulen und Kindergärten zusammen. So lernen manche Kinder inzwischen in der Schule oder im Kindergarten Plattdeutsch, und in Niedersachsen gibt es sogar einen Wettbewerb für junge Musikerinnen und Musiker, die Popmusik mit plattdeutschen Texten machen. Platt ist eben einfach cool!

Jan Reiners

Früher heizte man viel mit Torf, der von den Torfbau-ern mit einfachen Kähnen über Kanäle nach Bremen transportiert werden musste.

Die Fahrt auf den ➲ Torfkanälen dauerte oft tagelang, war mühsam und teuer. Da hatte Johann Reiners, der Präsident der Land-wirtschaftlichen Vereinigung, die Idee, eine Eisenbahnverbindung zwischen Findorff und den Dörfern des Moorgebiets zu errichten. Zwei Jahre lang dauerten Planung und Bau der Strecke, dann war es so weit: Am 4. Oktober 1900 machte sich die Schmalspur-Kleinbahn zum ersten Mal auf den 27 Kilometer weiten Weg nach Tarmstedt ins Teufelsmoor und zurück zum Parkbahnhof – der befand sich dort, wo jetzt die Stadthalle steht. Johann Reiners war stolz auf seine Bahn, die sogar nach ihm benannt worden war (Jan war die Abkürzung für Johann). Und die Bremer Bürger waren glücklich, dass sie nun auch mit dem Zug ins Grüne fahren konnten, schließlich wurden in der Kleinbahn nicht nur Torf und landwirtschaftliche Produkte befördert. Nach nur 54 Jahren wurde die Schmalspurbahn nicht mehr gebraucht, denn der Torf wurde nach und nach durch

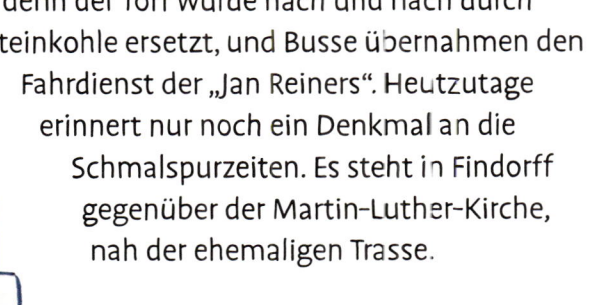

Steinkohle ersetzt, und Busse übernahmen den Fahrdienst der „Jan Reiners". Heutzutage erinnert nur noch ein Denkmal an die Schmalspurzeiten. Es steht in Findorff gegenüber der Martin-Luther-Kirche, nah der ehemaligen Trasse.

Kaisenhäuser

Mal eine Zeit lang „auf Parzelle" zu wohnen, wäre das nicht spannend? Aber stellt euch einmal vor, ihr würdet euch mit der ganzen Familie Tag und Nacht in einem Zimmer aufhalten, das vielleicht gerade mal doppelt so groß ist wie euer Kinderzimmer. Waschen müsst ihr euch mit Regenwasser, mit Glück habt ihr genug Holz für den Ofen, und zur Toilette geht ihr durch den Garten zum Plumpsklo. Das klingt jetzt schon nicht mehr so nach Vergnügen und Abenteuer, oder? Damals, nach dem Zweiten Weltkrieg, waren allerdings viele Menschen froh, dass sie ihre Kleingartenbuden noch hatten. Ein großer Teil der Wohnhäuser war von Bomben zerstört worden, und viele Menschen hatten kein Dach mehr über dem Kopf. So machte 1945 der Bürgermeister Wilhelm Kaisen eine Ausnahme und erlaubte den Bürgern, ihre Gartenlauben winterfest zu machen, damit sie eine Zeit lang dort wohnen konnten. Nach und nach bauten die Menschen bewohnbare Behelfsheime, die dann Kaisenhäuser genannt wurden. Obst und Gemüse sorgten für die täglichen Vitamine, und hier und da gackerte ein Huhn im Garten – so entstand im Laufe der Jahre eine echte Gemeinschaft in den Kleingartengebieten der Stadt. Heutzutage sind nur noch wenige Kaisenhäuser bewohnt, einige stehen leer und verfallen oder werden abgerissen. Wer allerdings dort von Anfang an wohnt, darf auch bleiben. „Auswohnrecht" nennen das die Gesetzgeber – und es betrifft auch die Kinder der Kaisenhäuser-Bewohner.

Klaben und Kluten

Zwei typische Bremer Spezialitäten, allerdings nicht deftig wie
➔ Kohl und Pinkel, sondern ganz schön süß: Der Bremer Kluten
ist eine Art rechteckiges Pfefferminzstäbchen, das zur Hälfte mit
Schokolade überzogen wurde. Kenner sagen dazu „Fondant",
das ist eine geschmolzene Zuckerpaste, aus der die Konditoren
verschiedene Formen herstellen. Den Kluten nascht man einfach
mal so zwischendurch oder verschenkt ihn an Leute, die nicht
aus Bremen kommen – die werden begeistert sein! Der Bremer
Klaben hingegen ist ein süßes Weihnachtsbrot, das ein bisschen
an Stollen erinnert. Der Name kommt von dem Einschnitt auf der
Oberseite, Klaben bedeutet so viel wie „gespalten". In dem Hefeteig
stecken eine Menge Rosinen und Mandeln, Korinthen, Rum und viel
Butter. Jedes Jahr im November wird auf dem Bremer ➔ Marktplatz
die Klaben-Saison eröffnet und Stück für Stück
duftendes Hefegebäck verkauft. Das Geld wird
dann für einen guten Zweck gespendet. Der Klaben
muss übrigens in Bremen und umzu hergestellt
worden sein, sonst dürfen die Bäcker ihn nicht
Klaben nennen! Habt ihr Appetit bekommen?
Da stärkt euch am besten mit einer Kleinigkeit,
denn im nächsten Abschnitt geht es schon
wieder um ein Gericht!

Knipp

Pinkel, Kluten, Klaben und jetzt auch noch
Knipp – die Bremer Gerichte haben schon
merkwürdige Bezeichnungen, findet ihr nicht
auch? Stellt euch den Knipp vor wie eine Art riesige Pinkelwurst,
die in Scheiben geschnitten und in der Pfanne gebraten wird. Dazu
isst man Bratkartoffeln und gerne auch eine saure Gurke. Knipp
besteht aus Schweinefleisch, Hafergrütze und Gewürzen, alles
zusammen wird in Papierhüllen gefüllt, die man vor dem Essen
wieder abpult – ein richtig würziges und deftiges Fleischgericht.
Auch Knipp war früher ein Arme-Leute-Essen, damals wurden die
Reste des Schlachttages zusammen im Kessel gebrüht und durch
den Fleischwolf gedreht. Da waren dann auch mal Schweineköpfe
oder -schwänze dabei. Uuuuuh, nichts für Vegetarier also. Durch
das Brühen wurde das Fleisch haltbar gemacht, schließlich hatte ja
nicht jeder eine Kühlmöglichkeit. Woher die
Bezeichnung Knipp kommt, ist übrigens
nicht bekannt. Vielleicht habt
ihr ja eine Idee?

Kogge

Stellt euch einmal ein 3-D-Puzzle mit ungefähr 2.000 Teilen vor – und wenn ihr das zusammengebaut habt, wird daraus – tatatata – eine Kogge, also ein riesiges Segelschiff. So eine Kogge war damals das wichtigste Transportmittel für die Kaufleute. In den Bauch dieses Schiffs passten ungefähr drei Lkw-Ladungen voller Ware. Allerdings gab es keine Kabinen für die Besatzung, die musste sich irgendwo ein Eckchen suchen oder schlief direkt auf den Transportkisten. Nicht besonders gemütlich, wenn man mehrere Monate lang unterwegs war …

Vor über 50 Jahren entdeckte ein Bauingenieur das Wrack solch einer Kogge im Bremer Hafen. Der war mit seinen Leuten gerade dabei, das Hafenbecken auszubaggern, um es zu vergrößern, da stieß einer der Arbeiter im Hafenschlick auf eine ungewöhnliche Holzplanke. Und die entpuppte sich als eines von 2.000 gut erhaltenen Teilen einer alten Hansekogge. Das war damals natürlich ein sensationeller Fund! Es dauerte viele Jahre, bis die Wissenschaftler alle Hölzer ausgebuddelt und den alten Segler wieder zusammengesetzt hatten – eben wie ein riesiges Puzzle. Im Deutschen Schifffahrtsmuseum in Bremerhaven könnt ihr euch das Original anschauen.

Kohl & Pinkel

In der Winterzeit sieht man öfter mal eine Gruppe Menschen – meist Erwachsene – bei eisiger Kälte gut gelaunt mit einem geschmückten Bollerwagen durch den ➲ Bürgerpark ziehen. Ab und zu bleiben sie stehen und machen eine Trinkpause oder spielen merkwürdige Spiele, Teebeutel-Weitwurf zum Beispiel. Wobei der Beutel mit dem Mund geworfen wird. Klar, die machen eine Kohlfahrt!

Am Ende dieser typisch norddeutschen Tour haben alle ganz großen Kohldampf (aha!) und schlemmen leckeren Grünkohl (die Bremer nennen ihn gern Braunkohl) und Pinkel in einem Gasthof. Pinkel ist übrigens eine Brühwurst, die aus Speck, Getreidegrütze, Gewürzen, Zwiebeln und Fett besteht – und diese Dinge werden alle in den Mastdarm des Rinds gestopft, auch Pinkeldarm genannt. Daher also der Name Pinkel.

Kohlgerichte galten lange Zeit als Arme-Leute-Essen, der Kohl wuchs nämlich sogar bei starkem Frost – so hatten die Leute den ganzen Winter über etwas zu essen, und das Vieh fraß die Kohl-stängel. In Bremen wurde im 18. Jahrhundert vor den Toren der Altstadt in kleinen Gärten Kohl angebaut und verkauft (verhökert), daher kommt auch der Name „Kohlhökerstraße". Kohl schmeckt übrigens nicht nur gut, sondern enthält besonders viel Vitamine – wenn ihr also gesund durch den Winter kommen möchtet, macht doch mal eine Kohltour mit eurer Familie und euren Freunden. Das geht nämlich auch mit Kindern richtig gut!

Kunsthalle

Mitten in den ➔ Wallanlagen, nur ein paar Minuten vom Bremer
➔ Marktplatz entfernt, befindet sich ein Gebäude, in dem ihr Kunstwerke aus den letzten 600 Jahren bestaunen könnt: die Kunsthalle
Bremen. In dem bekannten Bremer Kunstmuseum hängen seit über
150 Jahren jede Menge Gemälde von berühmten Malern wie Franz
Marc, Vincent van Gogh oder Rembrandt. Aber keine Angst, die
„alten Meister" sind keinesfalls verstaubt – im Gegenteil, es lohnt
sich unbedingt, die spannenden Geschichten zu erforschen, die mit
den Werken der Künstler verknüpft sind. Natürlich wird hier auch
ganz moderne Kunst gezeigt, wie die bunte Lichtinstallation von
James Turrell. Durch mehrere Stockwerke hindurch blickt ihr auf die
Sterne am anderen Ende der Welt – auch das ist Kunst!

Lohnenswert sind die Kinderführungen und Ausstellungsrund-
gänge, die die Kunsthalle regelmäßig veranstaltet. Zusätzlich
bieten die Museumspädagogen Familiennachmittage oder Ferien-
programme für Kinder, bei denen ihr nicht nur viel über Kunst
lernen, sondern selber zu Pinsel und Stiften greifen könnt. Wer weiß,
vielleicht wird aus euch ja auch mal eine berühmte Künstlerin oder
ein berühmter Künstler!

La Strada

Jedes Jahr im Frühsommer verwandeln sich Innenstadt und
➔ Wallanlagen für ein langes Wochenende in eine kunter-
bunte Bühne voller Akrobatik, Clownerei und Musiktheater.
Da sieht man plötzlich seltsame Geschöpfe auf Stelzen
über den ➔ Marktplatz balancieren, Puppenspieler
bewegen Fantasiefiguren durch das Publikum,
Akrobaten wirbeln über die Wiese am Wall ...
Endlich ist wieder Zeit für das Internationale Festival der
Straßenkünste – La Strada. Wohin ihr auch blickt, überall stehen
oder sitzen die großen und kleinen Zuschauer und klatschen begeistert Applaus. Je besser das Wetter, desto mehr ist los. Seit über
20 Jahren reisen Straßenkünstler aus der ganzen Welt an. Die ersten
Festivals fanden noch in den einzelnen Stadtteilen statt, einige Jahre
später zogen die Artisten in die Innenstadt. Die Veranstaltungen
sind zwar kostenlos, die Künstlerinnen und Künstler freuen sich
aber immer über eine kleine Spende in den Hut.

Liebfrauenkirche

Diese Kirche habt ihr bestimmt schon öfter gesehen, zum Beispiel wenn ihr nach einem Innenstadtbummel mit euren Eltern Richtung Markt geschlendert seid oder die Händler auf dem Blumenmarkt bestaunt habt. Die alte Rats- und Marktkirche steht direkt neben dem ➲ Rathaus. Im Mittelalter hielten hier die Ratsherren und Bürger ihre Treffen ab – erst als das Rathaus gebaut wurde, hatten sie einen neuen Versammlungsort.

Habt ihr auch mal eure Köpfe in die Höhe gereckt? Der Nordturm der Liebfrauenkirche ist fast 85 Meter hoch und damit nach den Türmen des ➲ Doms der drittgrößte Kirchturm der Stadt.

Ein bisschen düster wirkt dieses steinerne Gotteshaus schon, wären da nicht die wunderschönen Mosaikfenster, die auch den Innenraum der Kirche in vielen Farben leuchten lassen. Die alten Kirchenfenster wurden im Zweiten Weltkrieg zerstört und mussten ersetzt werden. So entwarf der französische Maler Alfred Manessier vor ungefähr 50 Jahren die jetzigen Buntglasfenster der Liebfrauen-kirche. Schaut doch mal, wie das Sonnenlicht die farbigen Scheiben erstrahlen lässt.

Die heutige Kirche wurde übrigens bereits im 13. Jahrhundert errichtet, sie gilt als die zweitälteste Kirche Bremens – nur der Dom ist noch älter.

Linzer Diplom

Habt ihr zu Hause auch schon eine Urkunde oder ein Diplom in der Schublade? Zum Beispiel vom letzten Sportfest? Die Stadt Bremen jedenfalls hat vor ungefähr 370 Jahren eine sehr wichtige Urkunde mit Brief und Siegel erhalten – das Linzer Diplom. In diesem Dokument unterschrieb der damalige Kaiser Ferdinand III. am 1. Juni 1646, dass die Stadt Bremen von nun an eine „Freie Reichsstadt" war. Ab sofort durfte nur noch der Kaiser bestimmen, und die Stadt unterstand nicht mehr dem Erzbischof.

Für diese Freiheit hatten die Bremer Bürger jahrhundertelang gekämpft. Allerdings gab es die Urkunde nicht umsonst: Bremen musste 100.000 Gulden an den Kaiser zahlen, das wären zu heutigen Zeiten vermutlich mehrere Millionen Euro! Der Kaiser hatte nämlich hohe Schulden und konnte das Geld gut gebrauchen. Damit die Gulden auch sicher beim Kaiser ankamen, wurden sie in Ochsenkarren voller Stockfischtonnen transportiert – die Münzen wurden unter den Fischen versteckt. Da soll mal einer sagen, dass Geld nicht stinkt!

Der Marktplatz ist einer der ältesten öffentlichen Plätze Bremens. Schon vor über 600 Jahren priesen hier die Gemüsebauern und Vieh- händler ihre Waren an, damals umgab den Platz eine über einen Meter hohe Steinmauer mit sieben Durchgängen. Nur die Händler, die mit ihren Wagen durch diese Eingänge passten, durften ihre Verkaufsstände aufbauen, da sonst ein zu großes Gedränge herrschte. In die Marktmauer war übrigens ein achteckiger Pranger, auch Kaak genannt, eingebaut. Der Kaak war eine Art Käfig für Straftäter, die an Markttagen öffentlich vorgeführt wurden, manche mussten sogar mit Peitschenhieben rechnen – das Leben im Mittelalter war ganz schön grausam! Die Menschen der damaligen Zeit hatten aber auch viel Spaß auf ihrem Platz, feierten Feste, versammelten sich und genossen das Markttreiben, das von Gauklern, Sängern oder Schaustellern begleitet wurde. Echtes Marktgeschehen werdet ihr heutzutage auf dem Platz zwischen ➔ Rathaus, ➔ Schütting und dem Haus der Bürgerschaft allerdings nicht mehr erleben. Bis zum Jahr 1913 fand hier der ➔ Freimarkt statt, bevor er auf die ➔ Bürgerweide umzog. Den besten Blick auf den Bremer Marktplatz habt ihr vom Turm des Bremer ➔ Doms, von dort aus könnt ihr auch gut die auffällige Pflasterung in Form eines Hanseatenkreuzes – eine Art Ehren- zeichen für die Mitglieder der ➔ Hanse – erkennen.

Marterburg

Eine Burg mitten in der Stadt – gibt es in Bremen
leider nicht. Bei der Marterburg handelt es sich nur
um den Namen einer Gasse im ❯ Schnoor. Früher
lagerten die Müller ihr Mehl in Matten, und zwar auf der
Mattenburg – so hießen die Lagerstellen für das Getreide.
Man vermutet, dass der Straßenname einfach von dem Begriff
abgeleitet wurde. Das ist die eine Erklärung. Es gibt aber auch
noch eine ziemlich gruselige Legende im Zusammenhang mit der
Bezeichnung Marterburg: Darin heißt es, dass Bremen Anfang des
10. Jahrhunderts von den Hunnen – einem asiatischen Reitervolk –
überfallen wurde. Sie steckten die Kirche in Brand und töteten die
Priester. Als plötzlich ein starkes Gewitter aufzog, wurden viele der
Hunnen vom Blitz erschlagen, die übrigen flüchteten durch die
engen Gassen des Schnoors Richtung Stadttor. Doch die Frauen
in den Häusern gossen siedendes Wasser und Öl aus den Fenstern.
So starben die Flüchtigen einen qualvollen Tod – man sagt auch, sie
wurden gemartert. Wie viel Wahrheit allerdings in dieser grausigen
Sage steckt, werden wir wohl nie erfahren!

Mühle am Wall

Zwar gibt es keine Burg in Bremen, dafür aber eine echte Windmühle! Wer den richtigen Zeitpunkt erwischt, kann vielleicht sogar beobachten, wie sich die vier Flügel im Wind drehen, und je nach Windstärke haben die Ruten (so nennen die Müller die Flügel) richtig Schwung. Gegen Ende des 17. Jahrhunderts standen auf den Bastionen der ➲ Wallanlagen insgesamt zwölf Windmühlen, in denen Mehl für die Stadt gemahlen wurde – kein Wunder, schließlich wehte auch damals auf den alten Festungsanlagen genug Wind. Die Herdentorsmühle – so wird die Mühle am Wall auch genannt – wurde im Jahr 1699 erbaut. Man vermutet, dass an gleicher Stelle vorher schon eine Mühle gestanden hat. Auch in den Zeiten, in denen die Mühlen schon längst mit Dampf betrieben wurden, durften sich die Mühlenflügel weiterdrehen, vielleicht waren die Bremer damals schon davon überzeugt, dass die Wallmühle die Stadt besonders schön aussehen lässt. Bis zur Mitte des letzten Jahrhunderts brachten einige Viehhalter ihr Getreide noch in die Mühle, im Jahr 1960 kam allerdings der letzte Kunde: Die Bremer Müllabfuhr ließ noch einmal das Futtermittel für ihre Pferde mahlen! Inzwischen befindet sich in der Mühle ein Café und Restaurant mit dem Namen „Kaffeemühle". Nun ratet mal, was dort für die Gäste des Cafés gemahlen wird ...

Und wenn ihr wissen möchtet, wie so eine Mühle funktioniert, könnt ihr sie sogar besichtigen: Jedes Jahr an Pfingsten und dem Erntedanktag dürft ihr auf die Galerie klettern und ganz viele schlaue Fragen stellen.

Neptunbrunnen

Zu Marktzeiten muss man schon genau hin-
schauen, um den Brunnen auf dem Domshof
überhaupt zu entdecken, fast verschwindet er
hinter den vielen Marktständen. Im Sommer
könnt ihr euch hier gut die Füße erfrischen,
während Neptun, der Gott der Meere, in die
Ferne blickt. Was mag er wohl denken?
Der Bremer Neptunbrunnen ist ein echtes
Kunstwerk: 1991 wurde es von dem Bild-
hauer Waldemar Otto aufgestellt, nachdem die
Bremer Bürger vorher über drei Entwürfe abgestimmt hatten.
Neptun und seine Gefährten schienen gut zu passen, schließlich gilt
Bremen als alte Seefahrerstadt. Auf einer Tafel wird genau erklärt,
wer sich noch alles im Wasser tummelt, da ist zum Beispiel Neptuns
Sohn Triton, der auf einer krummen Muschel bläst, oder die Nixe, die
sich über den Brunnenrand lehnt. Schaut doch mal, wen ihr noch so
entdeckt. Die Bremer haben übrigens den Brunnenbau mit Spenden
unterstützt, ein weiterer Teil der Kosten wurde
von einer Stiftung übernommen.

Nikolauslaufen

Am späten Nachmittag des 6. Dezembers scheint ganz Bremen auf den Beinen zu sein. Dann machen sich dick eingemummelte Kinder mit ihren roten Nikolausmützen auf den Weg in die Geschäftsstraßen, ziehen von Laden zu Laden, singen Lieder, sagen Gedichte auf und freuen sich über die vielen Äpfel, Nüsse und Süßigkeiten, die der Nikolaus aus seinem großen Sack zaubert. Manche Kinder haben auch ihre Mütter oder Väter im Schlepptau, die sich gern das Warten mit einem Glühwein verkürzen. Habt ihr euch schon mal gefragt, was es mit dieser typisch bremischen Tradition auf sich hat? Es wird vermutet, dass das Nikolauslaufen, auch „Sunnerk auslaufen" genannt, ursprünglich ein katholischer Brauch war. Bereits im Mittelalter trugen Dom- und Klosterschüler mit dem Kinderbischof und Schutzheiligen Nikolaus bei Umzügen ihre Lieder und Sprüche vor und baten um milde Gaben. Damals nahmen vor allem die Kinder von ärmeren Familien teil, die hofften, für das Aufsagen von Sprüchen und den Gesang der Lieder etwas zu essen zu bekommen. Ab dem 19. Jahrhundert liefen dann fast alle Bremer Kinder verkleidet von Haus zu Haus, stampften mit Stäben oder Stöcken auf den Boden und sagten ihr plattdeutsches Sprüchlein auf. Gab es nicht genug, wurde das Klopfen lauter. Die leckeren Süßigkeiten verschwanden im Sack, und weiter ging es zum nächsten Nachbarn. Kennt ihr plattdeutsche Nikolaussprüche? Versucht es doch beim nächsten Nikolauslaufen einmal damit, wer weiß, vielleicht ist „Sunnerklaus" dann ja besonders großzügig!

Wilhelm Olbers

Einfach mal in die Sterne gucken ist echt cool. Das fand schon vor ungefähr 200 Jahren der Arzt und Astronom Wilhelm Olbers. Seit seiner Kindheit interessierte sich der Sohn eines Bremer Pastors brennend für Planeten, Sterne und Galaxien. Zwar studierte er Medizin und ließ sich nach seinem Studium als Arzt in Bremen nieder. In der freien Zeit hielt er aber Vorträge über die Sternenkunde und veröffentlichte wichtige Schriften über die Berechnung von Kometen. Im Jahr 1799, da war Wilhelm Olbers 41 Jahre alt, richtete er sich in seinem Haus in der Bremer Altstadt eine Sternwarte ein und verbrachte die Nächte damit, den Himmel zu beobachten. Sogar während der Behandlung seiner Patienten soll Olbers gleichzeitig Kometen beobachtet haben. In seinen schlaflosen Nächten entdeckte er verschiedene bis dahin unbekannte Planeten, zum Beispiel den größten Asteroiden Pallas mit einem Durchmesser von 546 Kilometern – das ist noch einiges weiter als die Strecke von Bremen bis nach Frankfurt! Ab 1820 arbeitete Olbers nicht mehr als Arzt und widmete sich bis zu seinem Tod im Jahr 1840 ganz und gar der Astronomie. Auch heute noch erinnert ein Denkmal in den ➜ Wallanlagen an den bedeutenden Arzt und Astronomen. Selbstbewusst steht er auf dem steinernen Sockel und hält sein liebstes „Arbeitsgerät" in der Hand – ein Fernrohr. Den besten Blick auf den Bremer Sternenhimmel habt ihr übrigens im Olbers-Planetarium – auch wenn die Sterne dort ja nur Projektionen sind.

Osterdeich

Wusstet ihr, dass ein großer Teil des Bremer Stadtgebietes sturmflut-
gefährdet ist? Nur weil die Deiche einen schützenden Wall bilden,
bleibt die Stadt bei Hochwasser trocken. Einer der wichtigsten Stadt-
deiche ist der über vier Kilometer lange Osterdeich, der sich seit über
120 Jahren vom Altenwall (ungefähr auf der Höhe des ➔ Schnoor)
bis zum Weserwehr in Hastedt entlangzieht. Das Wort Osterdeich
hat übrigens nichts mit Ostern zu tun, sondern bezieht sich auf
den östlichen Teil des Bremer Stadtgebietes. Bestimmt habt ihr
schon einmal auf dem Deich in der Sonne gesessen, seid mit viel
Schwung auf dem Schlitten den Deich heruntergerutscht oder habt
über die Werder-Fans auf dem Weg ins Stadion gestaunt. Bevor der
Osterdeich gebaut wurde, schützte der Punkendeich das Stadt-
zentrum, und der verlief dort, wo heutzutage das ➔ Viertel ist.
Allerdings war der Deich nicht hoch und nicht sicher genug, um
die Stadt vor starkem Hochwasser zu schützen. Der Osterdeich
rückte dann etwas weiter von der Stadt weg. Dort, wo vorher nur
feuchte Wiesen und ein paar armselige Hütten waren, konnten
hübsche Stadtvillen gebaut werden, in die viele wohlhabende Bremer zogen. So wurde die Gegend am
Osterdeich ein Viertel für feine Leute, die nun
an der Uferpromenade entlangspazierten,
ohne nasse Füße zu
bekommen.

Ostertor

Genau dort, wo der Ostertorsteinweg beginnt („O-Weg" für die Einheimischen), gleich hinter der ➔ Kunsthalle, stehen zu beiden Seiten der Straße zwei Wachhäuser. Richtig, die mit den Säulen davor. An dieser Stelle verlief im Mittelalter die Stadtmauer, und am Ort zwischen den Wachhäusern befand sich das östliche Stadttor: das Ostertor. Lange vor den Wachtürmen stand dort ein viereckiger Torturm mit Glocke, der eine Zeit lang sogar als düsteres Kerkergefängnis genutzt wurde.

Jeden Abend wurde das Stadttor verschlossen. Jeder, der das Tor passieren wollte, wurde vom Akzisemeister, das war eine Art Torhüter und Zolleintreiber, kontrolliert. Das nördliche Gebäude der beiden 1828 errichteten Zwillings-Wachhäuser war auch das Gefangenenhaus. Hier, in der Zelle mit der Nummer 38, wartete damals die berüchtigte ➔ Gesche Gottfried drei Jahre lang auf ihre Hinrichtung! Die Ostertorwache war insgesamt 150 Jahre lang ein Gefängnis, in dem die Häftlinge unter schwersten Bedingungen untergebracht waren. Noch heute erinnert ein Original-Zellentrakt an die damalige Zeit. Inzwischen sind in beiden ehemaligen Wachhäusern Kunstmuseen untergebracht: das Wilhelm Wagenfeld Haus und das Gerhard-Marcks-Haus.

Paula Modersohn-Becker Museum

Erinnert ihr euch an den Abschnitt über die
→ Böttcherstraße? In dieser märchenhaften Gasse
ganz in der Nähe des Bremer → Marktplatzes hatte
der Bremer Kaffeekaufmann und Kunstsammler
Ludwig Roselius vor knapp 100 Jahren einige ungewöhnliche Bauwerke errichten lassen. Eines dieser
Häuser ist das Paula Modersohn-Becker Museum – das
erste Museum auf der ganzen Welt, das dem Werk einer
Malerin gewidmet wurde. Paula Modersohn-Becker gilt als
künstlerisches Vorbild in der modernen Malerei, sie wurde vor allem
durch ihre ungewöhnlichen Selbstporträts bekannt. Die Künstlerin
heiratete mit 25 Jahren den bekannten Landschaftsmaler Otto
Modersohn. Leider starb Paula schon 1907, mit nur 31 Jahren, und
richtig berühmt wurde sie erst lange nach ihrem Tod.

Herrn Roselius gefielen die Bilder der Worpsweder Künstlerin so
gut, dass er eine Menge Gemälde und Zeichnungen von ihr kaufte.
1924 beauftragte Roselius den Architekten Bernhard Hoetger damit,
zu Ehren der Künstlerin ein Museum zu bauen, um dort die Bilder
auszustellen. Das ungewöhnliche Gebäude aus Backstein mit seinen
zwei Türmen, den abgerundeten Ecken und dem höhlenartigen
Eingang wurde im Zweiten Weltkrieg fast völlig zerstört – aber
später fast genauso aufgebaut, wie es mal ausgesehen hatte.
Auch heute noch werden dort sehr viele Gemälde der Künstlerin
ausgestellt. Es lohnt sich, die Bilder einmal anzuschauen. Auf dem
Weg dorthin könnt ihr auch mal in der Bremer Bonbon Manufaktur
vorbeischauen!

Pauliner Marsch

Im Mittelalter gehörten die Wiesen zwischen ➜ Weser und ➜ Osterdeich zu dem mächtigen Paulskloster im Ostertorviertel, daher hat die Pauliner Marsch auch ihren Namen.

Bis zum 19. Jahrhundert grasten hier noch Rinder, inzwischen geht es sportlich zu. Vor ungefähr 100 Jahren entstand auf den Wiesen der erste Sportplatz, damals noch mit Holztribünen, das war der Vorläufer des jetzigen ➜ Weser-Stadions. Einige Jahre später eröffnete ganz in der Nähe das Stadionbad. Heute ist das ganze Gelände eine riesige Sportfläche: Fußball wird nicht nur im Weser-Stadion gespielt, inzwischen reiht sich auf dem weitläufigen Gelände der Pauliner Marsch ein Sportplatz an den nächsten.

Und in den vielen Schrebergärten nah der ➜ Weser oder der Erdbeerbrücke wird mit Begeisterung gebuddelt und gepflanzt. Auch Tiere kommen hier nicht zu kurz: Zwar sieht man weit und breit keine Kühe mehr, dafür grasen hier ein paar Pferde. Und die gehören genau wie Esel, Ziegen und Katze zu der Farm des Sportgartens. Gegen einen kleinen Beitrag könnt ihr auf dem Gelände dieses Vereins mit Lust und Laune jede Menge Sportarten ausprobieren, zum Beispiel die Pauliner Nordwand erklimmen oder auf den großen Trampolinen in den Himmel springen.

Wenn andere Menschen morgens ins Büro, in die Schule oder in die Werkstatt gehen, macht sich der Bürgermeister auf den Weg ins Neue Rathaus, um von dort aus zu regieren. Warum „Neues" Rathaus?

Das ist ein großer Ergänzungsbau zu dem prachtvoll verzierten Gebäude auf dem Bremer ➲ Marktplatz, dem Alten Rathaus. Das Neue Rathaus wurde vor über 100 Jahren an das alte Gebäude ange-baut. Es ist zwar weniger verziert als sein großer Bruder, muss sich aber keinesfalls verstecken. Das Alte Rathaus wurde vor mehr als 600 Jahren – fast zeitgleich mit dem Bremer ➲ Roland – gebaut und gilt als eines der schönsten Rathäuser Deutschlands. Schon damals wurde von hier aus die Stadt regiert: Die Ratsherren, so hießen früher die Senatoren, verkündeten neue Gesetze und empfingen wichtige Besucher. Zwar wurde das Rathaus in den vielen Jahrhun-derten von verschiedenen Baumeistern immer wieder vergrößert und verschönert, aber kein Krieg und kein Brand konnten diesem Schmuckstück etwas anhaben. Direkt über den elf Rundbögen, den Arkaden, seht ihr verschiedene Figuren. Jede einzelne steht für einen Teil der Bremer Geschichte. Auch die Innenräume sind voller Schmuckelemente, aufwendigen Holzschnitzereien und funkelnden Kronleuchtern. Besonders reich verziert ist die Güldenkammer von ➲ Heinrich Vogeler – hier dürfen allerdings nur besonders wichtige Gäste hinein. Seit 2004 gehört das Bremer Rathaus zusammen mit dem Roland zum Weltkulturerbe, das heißt, es gilt als besonders schützenswertes Gebäude.

Ratskeller

Unter dem ➔ Rathaus verbirgt sich ein riesiges Kellergewölbe. Das ist der Bremer Ratskeller – so eine Art unterirdisches Weinlager mit Restaurant. Früher trafen sich hier die Kaufleute mit den heimgekehrten Kapitänen, um ihre Geschäfte bei einem guten Glas Wein zu besiegeln. Gern zogen sie sich dafür in eines der sechs „Priölken" zurück. Dieses lustige Wort kommt von dem plattdeutschen „Prieel" und bedeutet so viel wie kleines Zimmerchen oder Laube. In den Priölken konnten die Geschäftsleute ungestört verhandeln und speisen. Die Türen dieser halbrunden Räume durften übrigens erst geschlossen werden, wenn mehr als zwei Personen am Tisch saßen. Damals hatte man wohl Angst, dass Liebespaare hier heimlich kuschelten, und das war natürlich absolut verboten.

Unter Weinkennern gilt der Bremer Ratskeller als wahre Schatzkammer: Seit über 600 Jahren lagern hier in großen Fässern richtig edle und unbezahlbare „Tröpfchen" – der älteste Wein ist fast 400 Jahre alt! Ob der wohl noch schmeckt? Die englische Königin Elisabeth II. weiß es wohl – sie durfte 1978 bei ihrem Besuch in Bremen ein Schlückchen probieren.

Völlig unbeeindruckt steht der Bremer Roland auf seinem Podest, den Blick fest auf den ➜ Dom geheftet. Was würde er uns wohl erzählen – der steinerne Riese –, wenn er sprechen könnte? Über 600 Jahre Bremer Geschichte sind an dem Wahrzeichen der Stadt vorübergezogen. Sein Vorgänger war aus Holz. Man vermutet, dass er 1366 von den Kriegern des Erzbischofs verbrannt wurde. Dem Bischof gefiel es nicht, dass die Ratsherren sich gegen die Macht der Kirche auflehnten. Im Jahr 1404 ließ der Bremer Rat dann den steinernen Roland bauen. Seitdem wacht der gelockte Ritter mit Schild und erhobenem Schwert über die Stadt und gilt als Symbol der Freiheit und Unabhängigkeit.

Und warum hat der Roland so spitze, piksige Knie? Man vermutet, dass der Abstand zwischen beiden Knien dem Maß einer Bremer Elle (= 55,373 Zentimeter) entsprach. So konnten die Tuchhändler im Mittelalter hier auf dem ➜ Marktplatz Maß nehmen. Wusstet ihr, dass zwischen seinen Steinfüßen eine Figur liegt? Was es damit auf sich hat, lest ihr im Abschnitt über die ➜ Bürgerweide.

Dass der Originalkopf des Rolands seit mehr als 30 Jahren im ➜ Focke-Museum ausgestellt wird, habt ihr ja vermutlich auch schon gelesen. Dort steht er schön trocken und ist weder Wind noch Wetter ausgesetzt. Übrigens soll es noch einen Ersatz-Roland geben, irgendwo im Keller des ➜ Rathauses, nur für den Fall, dass dem Original doch mal etwas passiert!

Samba-Karneval

Im Februar kuschelt man sich lieber mit einem warmen Kakao auf das Sofa, statt in der Kälte zu frieren, oder? Aber einmal im Jahr wird auch draußen so richtig eingeheizt: Eine Woche vor dem rheinischen Karnevals-Wochenende beginnt der Bremer Karneval. Mehr als 100 Sambagruppen aus ganz Europa tanzen dann vom ➔ Marktplatz aus über den Ostertorsteinweg durch das ➔ Viertel und vertreiben mit lautem Trommelwirbel und fantasievollen Masken den tristen Winter. Monate vor dem großen Ereignis rattern die Nähmaschinen in der Kostümwerkstatt, aufwendige Masken, Kostüme und Requisiten werden gestaltet. Wenn es dann so weit ist, ist halb Bremen auf den Beinen und begleitet den Umzug tanzend und wippend durch die Straßen.

Der Samba-Karneval wurde 1986 u. a. von der Schweizer Künstlerin Janine Jaeggi erfunden. Gemeinsam mit der Initiative Bremer Karneval denkt sich Frau Jaeggi jedes Jahr ein neues Motto aus, und das passt immer zu dem, was die Bremer politisch oder kulturell gerade beschäftigt.

Die Kostüme dürfen übrigens nicht höher als vier Meter sein, sonst stoßen sie gegen die Oberleitungen der Straßenbahn – das ist gar nicht so leicht für die Stelzenläufer!

Schaffermahlzeit

Jedes Jahr am zweiten Freitag im Februar machen sich 300 Herren in Frack oder Kapitänsuniform auf den Weg in die Obere Rathaushalle. An langen Tischen sitzen die wichtigen Männer aus Wirtschaft und Politik und natürlich die Kapitäne dann fünf Stunden lang zusammen. Gemeinsam futtern sich die geladenen Gäste durch sieben verschiedene typisch Bremer Gänge, trinken süßes Seefahrtsbier und hören den zwölf Reden der Schaffer zu. Wie früher an Bord der Schiffe gibt es nur ein einziges Besteck für alle Gänge.

Die Veranstaltung, an der diese Herren teilnehmen, heißt „Schaffermahlzeit". Gastgeber ist die Stiftung Haus Seefahrt, eine Organisation, die notleidende Seeleute und deren Angehörige unterstützt. So war es damals, und so ist es auch noch heute. Seit 1545 findet dieses Treffen statt. Früher war es eine Art Abschiedsessen für die Kapitäne: Bevor die Schiffe im Frühjahr in See stachen, konnten die Seeleute noch wichtige Dinge mit den Kaufleuten und Schiffsbesitzern besprechen. Heutzutage werden beim Schaffermahl hauptsächlich Wirtschaftsdinge diskutiert.

Eigentlich ist die Schaffermahlzeit seit Hunderten von Jahren eine reine Männerveranstaltung. Seit einigen Jahren sind aber auch zwei weibliche Kapitäne als Mitglieder der Stiftung dabei, und neuerdings dürfen auch Frauen als Gäste teilnehmen.

Nach dem Mahl bittet die Stiftung Haus Seefahrt um Spenden, denn auch heutzutage leben noch viele Seeleute in Bremen, die auf Unterstützung angewiesen sind.

Schlachte

Nein, in dieser Straße an der ➲ Weser werden zum Glück keine Tiere geschlachtet! Aber warum heißt sie dann so? Im 13. Jahrhundert wurde das Weserufer mit hölzernen Pfählen verstärkt, als Schutz gegen Wellenschlag und Eisgang. Diese Pfähle hießen auf niederdeutsch „Slaits". Und daraus wurde dann irgendwann der Name „Schlachte".

Könnt ihr euch vorstellen, dass hier vor über 400 Jahren richtiger Hafenbetrieb herrschte? Ein Handelsschiff lag neben dem nächsten, und die Menschen transportierten die schweren Waren zwischen dem Hafen und den großen Lagerhäusern hin und her. Handwerker und Händler, die vom ➲ Marktplatz zum Hafen wollten, gingen durch eine der zehn Schlachtpforten. Das waren Tore zwischen den Wohn- und Gasthäusern an der Weser. Ab dem 17. Jahrhundert versandete der Fluss allerdings so stark, dass hier nur noch leichte Weserkähne ihre Fracht verladen konnten. Mitte des 19. Jahrhunderts waren die Hafenzeiten der Schlachte endgültig vorbei – die großen Seeschiffe steuerten nun die Häfen im Westen der Stadt an.

Habt ihr euch schon mal gefragt, was es mit der riesigen Mauer an der Uferpromenade auf sich hat? Das ist die alte Kaimauer. Früher war dort, wo jetzt ein Uferweg an der Weser entlangführt, das Hafenbecken. Im Zweiten Weltkrieg wurde die Schlachte fast vollständig zerstört, und so entstanden die beiden Ebenen. Während sich oben Restaurants und Cafés aneinanderreihen, habt ihr von der Unteren Schlachte aus den direkten Blick aufs Wasser und die vielen Ausflugsschiffe.

Ein Laden, in dem es das ganze Jahr Weihnachtsartikel zu kaufen gibt? Ein Hotel mit nur einem Bett? Ein lebendiges Museum? All das findet sich in Bremens ältestem Stadtteil – dem Schnoorviertel. Wie die Perlen an einer Schnur reihen sich die Häuser aneinander: schnuckelige bunte Kunsthandwerk- und Souvenirläden, Galerien, Cafés und Restaurants, ab und zu auch ein Wohnhaus. Am besten nehmt ihr einen Stadtplan mit, um das Viertel zu erforschen – die engen Gassen und verwinkelten Durchgänge sind nämlich ganz schön verwirrend.

Schnoor, das kommt von „Schnur": Im Mittelalter knüpften hier die Fischer ihre Netze. Damals lebten in den kleinen Häusern Flussfischer, Schiffer und Handwerker mit ihren Familien. Direkt vor dem Schnoorviertel floss die Balge, ein Nebenarm der ➔ Weser, auf dem sogar kleinere Schiffe fuhren. Allerdings wurde der Fluss gern als Abwasserkanal genutzt, in den die Bewohner ihre Abfälle kippten. Könnt ihr euch vorstellen, wie das gestunken haben muss? So musste die Balge aus hygienischen Gründen im Jahr 1838 zugeschüttet werden.

Mit vielen der Schnoor-Straßennamen sind übrigens ganz spannende Geschichten verknüpft. Die Gegend um die „Wüste Stätte" zum Beispiel wurde bei einem Stadtbrand zerstört und blieb eine Zeit lang unbebaut oder wüst, wie man damals sagte. In der Straße „Stavendamm" erinnert ein Brunnen an eine mittelalterliche Badestube, in der öffentlich gebadet wurde. Je früher man kam, desto frischer war das Wasser ... Ihr seht, es lohnt sich, mal eine Schnoor-Schnitzeljagd vorzubereiten – vielleicht sogar für eure Eltern!

Schütting

Kennt ihr den Schütting, das Haus der Kaufleute auf dem Bremer ➜ Marktplatz? Stolz und mächtig zeigt sich dieses prunkvolle alte Gebäude gegenüber von ➜ Rathaus und St. Petri ➜ Dom. Man vermutet, dass die Händler mit dem Bau des Schüttings zeigen wollten, dass sie mindestens genauso mächtig und einflussreich waren wie die Ratsherren und der Erzbischof. Von 1537 bis 1538, also vor fast 480 Jahren, ließen die Kaufleute den heutigen Schütting errichten, elegant und groß sollte er sein und besonders ansehnlich auf der Marktseite. Hier wurde getagt, verhandelt und auch mal das ein oder andere Fest gefeiert, immer getreu dem Motto der Kaufleute: „buten un binnen – wagen un winnen" (plattdeutsch für „draußen und drinnen, wagen und gewinnen"). Dieser Sinnspruch steht seit dem Ende des 19. Jahrhunderts über dem Portal, der Eingangstür des Schüttings. Seit 1849 befindet sich in dem Gebäude die Handelskammer, die sich von dort aus für die Interessen der Bremer Wirtschaft einsetzt.

Übrigens gibt es verschiedene Vermutungen darüber, woher der Name Schütting eigentlich kommt. Es könnte sein, dass mit dem Schütting ein Ort bezeichnet wurde, in dem das Geld für das Treffen der Kaufleute zusammengetragen (oder „zusammengeschüttet") wurde. Andere meinen, dass der Begriff aus dem Plattdeutschen kommt und so viel wie „schützen" heißt – schließlich schützt der Schütting die Kaufleute. Kurz vor Kriegsende wurde das Gebäude von einer Bombe getroffen. Nur die Außenmauern blieben stehen, der Schütting konnte aber dank großzügiger Spenden der Kaufleute innerhalb von sieben Jahren wiederaufgebaut werden.

Sielwallfähre

Stellt euch mal vor, ihr freut euch auf einen sonnigen Nachmittag im ➜ Café Sand und möchtet mit der Fähre über die ➜ Weser dorthin. Ihr steht also auf dem Deich – und ruft ganz laut „Hal över!" („Hol über!"). Schon kommt der Fährmann mit seinem Holzboot gegen Wind und Strömung angerudert, um euch auf die andere Seite zu bringen. Ungefähr so muss das vor 200 Jahren gewesen sein. Nur ohne Café – dafür weideten Kühe auf den Wiesen, wo jetzt die Schrebergärten sind.

Die erste Fähre fuhr im Jahr 1736 zum „Kuhwerder", dorthin ließen sich damals hauptsächlich die Kuhhirten und Melker übersetzen. Zu Beginn des 20. Jahrhunderts nutzten im Sommer auch die Badegäste die Fähre, um in die Flussbadeanstalt am linken Weserufer zu gelangen. Vor etwa 100 Jahren fuhr erstmals eine motorisierte Fähre, von nun an musste keiner mehr von Ufer zu Ufer rufen. In den 1980er-Jahren übernahm der Verein Hal Över den Fährbetrieb und eröffnete das Café Sand. Seitdem pendelt die lustig bemalte Sielwallfähre Tag für Tag von März bis Oktober vom ➜ Osterdeich zum Café und wieder zurück. Kinderwagen, Fahrradfahrer, Hunde – alle dürfen mit auf die „Ostertor", und alle freuen sich, wenn der Fährführer eine schwungvolle Extradrehung einlegt.

Johann Smidt

Dieser ehemalige Bremer Bürgermeister ist euch vielleicht schon einmal begegnet: Stolz wie ein Kaiser thront seine Statue im Bremer ➔ Rathaus neben dem Amtszimmer des heutigen Bürgermeisters. Eine Brücke, eine Straße und auch eine Schule wurden nach ihm benannt (das Schulgebäude steht dort, wo früher sein Garten war, in der Contrescarpe nahe den ➔ Wallanlagen). Und es gibt sogar eine Bürgermeister-Smidt-Gedächtniskirche – die befindet sich allerdings in Bremerhaven. Das hat einen wichtigen Grund, denn Johann Smidt gilt als der Stadtgründer von Bremens Schwesterstadt.

Die ganze Geschichte begann mit einem Handel: Früher, das heißt vor über 200 Jahren, konnten viele große Seeschiffe nicht mehr in den Bremer Hafen einlaufen, weil die ➔ Weser so stark versandet war. So wurde die Fracht dieser Schiffe in Brake auf flachere Kähne umgeladen, und erst dann ging es ab in den Bremer Hafen an der ➔ Schlachte. Das war ganz schön umständlich, und so kam der Herr Smidt auf die Idee, ein Stück Land an der Wesermündung zu kaufen. Gar nicht so einfach, schließlich gehörte das Gebiet damals dem Königreich Hannover. Aber da der Herr Bürgermeister viele Kontakte hatte und genug Geld auftreiben konnte, klappte das Geschäft: 1827 bekam Bremen einen eigenen Seehafen und der Bürgermeister eine Menge Lob.

Allerdings hat Herr Smidt nicht nur Gutes getan: Er wollte damals auch die Juden aus Bremen vertreiben lassen. Damit das nicht vergessen wird, wurde ein Glasschild neben seiner Statue angebracht, auf dem auch auf die Schattenseiten seines Lebens hingewiesen wird.

Mitten in der Innenstadt, am Ende der Fußgängerzone, tummelt sich eine Schweineherde aus Bronze. Viele Stadtbummler legen hier eine kleine Pause ein. Ganz hell poliert sind die Rücken der Tiere schon, schließlich möchte fast jeder mal auf einem Schwein reiten.

Wisst ihr, was die Borstenviecher mit Hund und Hirte hier verloren haben? Das Schweinedenkmal erinnert an eine Zeit, in der sich in der Sögestraße noch keine Kaufhäuser und Boutiquen aneinanderreihten. Im Mittelalter war fast jeder Bürger der Stadt im Besitz von Schweinen bzw. Sauen (plattdeutsch „Söge"), und die mussten regelmäßig durch das ➲ Herdentor auf die ➲ Bürgerweide getrieben werden. Erst viel später wurden hier die ersten Geschäfte eröffnet, und nach und nach entwickelte sich die Sögestraße zu einer der wichtigsten Einkaufsstraßen der Stadt. Stellt euch vor, wie damals die feinen Damen Schmuck oder Süßwaren kauften und sich dann mit ihren vollgepackten Taschen von dem Pferdewagen nach Hause kutschieren ließen. Nach dem Zweiten Weltkrieg lag die Straße allerdings in Schutt und Asche. Nur wenige der prächtigen Geschäftshäuser konnten gerettet werden, andere wurden originalgetreu wiederaufgebaut. Ab 1969 wurde die Sögestraße zur ersten autofreien Straße Bremens, fünf Jahre später stifteten Kaufleute die glänzenden Bronzeschweine.

Solltet ihr eure Eltern in dem ganzen Shopping-Gewusel mal aus den Augen verlieren, trefft euch doch einfach bei den Schweinen!

Stadtmusikanten

Noch mehr Bronzetiere in der Stadt – allerdings sind die vier aufmüpfigen Haustiere aus dem Märchen der Gebrüder Grimm um einiges bekannter als die Schweine in der Fußgängerzone. Jeder kennt die Geschichte: Esel, Hund, Katze und Hahn – alle vier schon etwas in die Jahre gekommen und unnütz für ihre Besitzer – verlassen fluchtartig die heimischen Höfe und machen sich auf den Weg nach Bremen, um dort Musik zu machen. Auf dem Weg in die Stadt suchen sie Unterschlupf in einer Hütte voller Räuber, vertreiben diese mit List und Tücke und führen fortan ein schönes Leben, ohne Bremen jemals gesehen zu haben. So weit das Märchen von den Bremer Stadtmusikanten aus dem Jahr 1819. Seitdem hat nicht nur jedes Bremer Kind die Geschichte gelesen oder gehört, selbst in fernen Ländern, zum Beispiel in China, lieben viele Kinder das Tiermärchen. Bestimmt wart ihr auch schon bei der Skulptur neben dem ➋ Rathaus und habt dem Esel an die blank geriebenen Beine gefasst, oder? Wenn ihr dabei die Augen geschlossen und euch etwas gewünscht habt, geht der Wunsch bestimmt bald in Erfüllung – zumindest soll das einer Legende zufolge so sein. Die Skulptur des Bremer Bildhauers Gerhard Marcks wurde übrigens vor über 60 Jahren aufgestellt. Damals waren nicht alle Bremer begeistert von der Statue, manche fanden sie zu streng und zu glatt oder auch zu klein. Inzwischen kann sich allerdings kaum ein Bremer oder eine Bremerin die Stadt ohne die bronzenen Musikanten vorstellen.

Ihr werdet euch wundern, was diese lang gezogene Weserhalbinsel alles zu bieten hat: zum Beispiel den größten Badesee der Stadt, den Werdersee. Der wurde vor ungefähr 60 Jahren künstlich angelegt, um das Gebiet vor Überschwemmungen zu schützen. Eigentlich ist der See ein stillgelegter Seitenarm der ➔ Weser. Heutzutage könnt ihr hier nach Lust und Laune spielen und baden.

Radelt mal vom Werdersee Richtung ➔ Café Sand, dann durchquert ihr ein großes Schrebergartengebiet – die meisten putzigen Parzellen entstanden schon vor etwa 100 Jahren. Wenn ihr dann am Café Sand vorbeifahrt, kommt ihr zur „Umgedrehten Kommode", so wird der alte Wasserturm aufgrund seines Aussehens genannt. Das riesige Backsteingebäude sorgte ab 1873 dafür, dass die Bremer Bürger sauberes Weserwasser genießen konnten. Damals wurde das Wasser mit Dampfmaschinen aus der Weser gepumpt, gereinigt und in riesigen Wassertanks gespeichert. Seit ungefähr 30 Jahren sind die Tanks leer, und um das historische Gebäude herum entsteht nach und nach ein Neubaugebiet.

Ganz in der Nähe lädt euch das Olbers-Planetarium zu einem spannenden Blick auf den Sternenhimmel ein. Und wenn ihr noch ein Stück weiter Richtung Museum ➔ Weserburg zur Spitze der Halbinsel fahrt, seid ihr schon mitten in einem Wohngebiet. Hier, auf dem Teerhof, wird die Werderinsel sehr schmal. Fast fühlt man sich wie auf einem riesigen Schiff. Im Mittelalter wurde hier übrigens tatsächlich Teer gelagert, mit dem damals die Schiffsrümpfe abgedichtet wurden.

Tagenbaren

Seid ihr in Bremen geboren? Dann seid ihr zwar waschechte Bremer, allerdings noch keine Tagenbaren. Denn nur wenn auch eure Eltern und alle vier Großeltern in Bremen geboren („baren") und aufgewachsen („tagen") sind, dürft ihr euch „Tagenbaren" nennen und seid so eine Art „Ur-Bremer". Schon wieder so ein merkwürdiger Begriff, der – wie sollte es anders sein – aus dem Niederdeutschen abgeleitet wurde.

Ist das jetzt wichtig?, fragt ihr euch vielleicht. Nein, sooo wichtig ist das natürlich nicht. Aber es ist schon spannend, sich mal mit dem typischen Bremer Dialekt – dem Bremer Schnack – zu beschäftigen. Wusstet ihr zum Beispiel, dass die alteingesessenen Bremer gern mal ganze Buchstaben verschlucken oder zusammenziehen? So sagt der oder die Einheimische öfter mal „Brem" für Bremen oder „anne Wesa" statt an die ➋ Weser.

Klar, wenn man schnell spricht, Verzeihung schnackt, verschluckt man gern mal die eine oder andere Silbe. Und manchmal entstehen aus den „Nuschelwörtern" richtig bekannte Redewendungen oder feststehende Begriffe, wie „Ischa Freimaak" oder „Use Akschen" – wisst ihr, was das heißt? Wenn ihr plietsch seid, könnt ihr das bestimmt ausklamüstern!

Bremens Theaterszene ist bunt und vielfältig – und bietet auch für Kinder tolle Bühnenstücke. Fangen wir mal mit der größten Spielstätte Bremens an, dem Theater am Goetheplatz. Hier, in der Nähe der ➜ Wallanlagen, werden Schauspielstücke, Musik- und Tanztheater aufgeführt. Einiges davon ist auch für Kinder geeignet (vor allem natürlich das jährliche Weihnachtsmärchen). Die meisten Stücke für Kinder zeigt allerdings das Moks. Dieses Kinder- und Jugendtheater gehört seit 1986 zum Bremer Theater und präsentiert seitdem in jeder Spielzeit vier bis fünf neue Stücke, teils auf der großen Bühne und teils im Brauhauskeller oder auf der Bühne des Moks. Das Besondere an den Moks-Stücken: Man ist immer nah dran an den Schauspielern. Und bei den „Jungen Akteuren" könnt ihr auch selbst mitmachen!

Das Schnürschuh Theater in der Bremer Neustadt – ein kleines, aber feines Theater – zeigt häufig Stücke, bei denen es um den Alltag von Kindern und Jugendlichen geht. Die Geschichten sind manchmal schräg, oft sehr lustig und mit viel Kontakt zu den Schauspielern.

Das älteste Bremer Kinder- und Jugendtheater ist das Theater 62. Seit 1962 stehen hier Klassiker wie „Pippi Langstrumpf" oder „Dornröschen" auf dem Spielplan.

Ein kunterbuntes und sehr vergnügliches Programm aus Clownerie und Figurentheater zeigt hingegen das Ensemble von Mensch, Puppe mitten im ➜ Viertel.

Tiefer

Wenn man heute die Autos auf dieser Straße an der ➔ Weser ent-
langrauschen sieht, kann man sich kaum vorstellen, wie es hier
früher aussah. Vor ungefähr 200 Jahren reihte sich in dieser Straße
zwischen Weser und ➔ Schnoor ein Packhaus an das nächste.
Kaffee, Gewürze und andere Waren wurden damals in den Speichern
zwischen der Straße und der Weser gelagert. Lauft mal direkt am
Weserufer entlang, dort wo samstags die Flohmarkthändler ihre
Trödelstände aufbauen. Könnt ihr euch vorstellen, dass die steinernen Rundbögen, unter denen an Flohmarkttagen Krims und Krams
verkauft werden, die Sockel der Packhäuser bildeten? Mehr blieb
nach dem Zweiten Weltkrieg von den alten Gebäuden nicht übrig,
und nach Kriegsende wurden nur die Häuser auf der Stadtseite
wieder aufgebaut.

Vermutlich fragt ihr euch die ganze Zeit, woher der Straßen-
name „Tiefer" kommt, oder? Im Jahr 1333 hieß die Straße „Tivera".
Möglicherweise setzte sich dieser Name aus den Begriffen „Tie"
und „Vere" zusammen und bedeutete so viel wie „Fähre zum Tie"
(Tie war damals ein Versammlungsplatz).
Andere Erklärungen besagen, dass die
Straße in früheren Zeiten „Tieferort" hieß,
weil sie um einiges tiefer lag als die
Domdüne (das ist die Erhebung,
auf der ein großer Teil der
Bremer Altstadt steht).

Torfkanal

Da steht er ganz ruhig am Ufer, blickt in das mal grünliche, mal braune Wasser und hält wohl Ausschau nach seinem Abendessen. Wenn er euch aber bemerkt oder wenn ab und zu mal ein Torfkahn vorbeituckert, macht sich der Graureiher allerdings lieber aus dem Staub. Die Torfkähne, Nachbauten der alten Transportschiffe mit den braunen Segeln, fahren seit einigen Jahren wieder über den Torfkanal, allerdings nur für Ausflugsfahrten.

Vor 200 Jahren war das über drei Kilometer lange Gewässer am Rand des ● Bürgerparks eine der wichtigsten Wasserstraßen für den Torftransport. Torf wurde damals als Brennmaterial benutzt. Die Torfarbeiter luden die Torfballen mühsam auf ihre Kähne und transportierten sie dann vom Teufelsmoor über Wümme, Kleine Wümme und Torfkanal Richtung Torfhafen. Dort wurden die Ballen auf Pferdewagen verladen und in die Stadt gebracht.

Wart ihr schon mal auf dem Findorffmarkt? Dort, wo heutzutage die Markthändler ihr frisches Obst und Gemüse verkaufen, befand sich noch bis vor ungefähr 100 Jahren ein großes Hafenbecken. Seit Beginn des 20. Jahrhunderts fuhren allerdings kaum noch Kähne über den Kanal, denn die Moorbahn ● Jan Reiners übernahm nach und nach den Torftransport und erleichterte so die Arbeit der Torfbauern. Und der Torfkanal? Der entwickelte sich nach dem Zweiten Weltkrieg zu einem Paradies für Wassersportler. Am Ufer des Kanals entstanden Bootshäuser, kleine Werften und Ausflugslokale. Einige dieser Bootshäuser kann man heutzutage noch sehen. Den besten Blick habt ihr vom Wasser aus. Leiht euch doch mal ein Kanu, oder begebt euch mit dem Torfkahn auf Schmuggelfahrt – wer weiß, vielleicht begegnet ihr ja auch dem Reiher.

Turmbläser

Sind das die wahren ➔ Stadtmusikanten? Die Bremer Domturmbläser musizieren zumindest direkt in der Stadt. Bis Ende 2013
kletterten sie jeden Sonntag bei Wind und Wetter die 265 Stufen
auf den Südturm des Bremer ➔ Doms und ließen ihre Bläsertöne
erklingen. Als der Glockenstuhl vor einigen Jahren erneuert werden
musste, übernahmen die Domturmbläser sogar den Dienst der
Glocke! Inzwischen kommen die Bremer nur noch am Heiligen
Abend nach dem Gottesdienst in den Genuss der Turmmusik,
neue Turmbläserinnen oder Turmbläser werden dringend gesucht.
Bereits seit dem Mittelalter wurden
an besonderen
kirchlichen
Feiertagen von
verschiedenen
Kirchtürmen der
Stadt Choräle und auch Volkslieder
geblasen. Damals waren die Turmbläser nicht nur
Musiker, sondern auch Wächter: Von ihrem Turm aus
konnten sie genau überblicken, wer sich der Stadt
näherte oder ob ein Feuer die Stadt bedrohte. Sobald
Gefahr drohte, bliesen sie so laut es ging in ihr Horn
und warnten damit die Bürger. Und weil diese Stadtmusikanten schon so lange zu der Stadt gehören,
wurde ihnen sogar ein Denkmal gesetzt: Auf der Südseite des Doms steht seit 1899 ein Brunnen mit drei musizierenden
Bläsern. Ob die Stadtmusikanten ihren nächtlichen Klängen wohl
lauschen?

76

U-Boot-Bunker Valentin

In Bremen-Nord, direkt an der ➲ Weser, steht ein gigantisches Bauwerk aus Beton und Stahl. Fünf Fußballfelder groß ist seine Gesamtfläche, mit Außenmauern so dick wie zwei Etagen eines Wohnhauses. Tausende Menschen aus ganz Europa wurden im Zweiten Weltkrieg dazu gezwungen, diesen bombensicheren Bunker zu bauen. Sie mussten zwei Jahre lang Tag und Nacht in dem eiskalten und feuchten Gebäude schuften, viele wurden krank oder starben. In dem fertigen Bunker sollten U-Boote für den Einsatz im Krieg montiert werden. Der Plan ging allerdings nicht auf, nie wurde dort ein U-Boot gebaut. Als der Bunker fast fertig war, zerstörten Bomben die noch nicht ausgebaute Decke des Gebäudes, und kurze Zeit später war der Krieg zu Ende.

Der Bunker steht noch immer, Moos wuchert über die Mauern, in den Betonritzen leben Fledermäuse. Damit wir niemals die Schrecken des Krieges vergessen, wird hier eine Gedenkstätte ein-gerichtet. Aber den Bau zu erhalten ist keine einfache Aufgabe, denn die Fassade bröckelt, und Steine lösen sich aus dem Mauerwerk. Ein freier Zugang ist daher nicht möglich. Es werden aber Führungen angeboten, auf Nachfrage auch speziell für Kinder und Familien.

Übersee-Museum

Am Hauptbahnhof geht die Reise los: Nur ein paar Schritte, und plötzlich seid ihr mitten in der Südsee, genau genommen in der Südseeabteilung des Übersee-Museums. Setzt euch mal auf eine Bank und hört, wie die Kinder den Alltag im Pazifik verbringen. Eine Etage höher beginnt die afrikanische Steppe. Ganz nah bei euch blickt ein Löwe in die Ferne, nebenan trinken Zebras am Wasserloch. Die Tiere in den Schaukästen sehen verblüffend echt aus.

Vor ungefähr 120 Jahren eröffnete Hugo Schauinsland (welch passender Name!) das Städtische Museum für Natur-, Völker- und Handelskunde – so hieß das Übersee-Museum lange Zeit. Einige der Ausstellungsstücke hatten Bremer Kaufleute von ihren Reisen in ferne Länder mitgebracht, ein großer Teil entstammte den Sammlungen früherer Museen.

Gleich im Eingangsbereich hängt das erste Sammlungsstück des Museums: das acht Meter lange Skelett eines Zwergwals. Vor fast 350 Jahren gelangte die Waldame in die Lesum und wurde von Bremer Walfängern erlegt. Wusstet ihr, dass im Keller des Museums sogar mal Schlangen, Krokodile und andere Reptilien lebten? Keine Angst, die liefen da nicht frei herum, sondern waren natürlich in Terrarien untergebracht. Bevor eure Reise endet, lauft doch mal über die gläserne Brücke zum ÜbermaxX. Jetzt seid ihr zwar in den Räumen des Cinemaxx-Kinos, Filme werden hier aber nicht gezeigt. Dafür gibt es gläserne Schubladen mit ungewöhnlichen Schätzen aus aller Welt.

Überseestadt

Wie entsteht eigentlich ein neues Stadtviertel? Vor allem braucht man Platz – zumindest dann, wenn neue Häuser gebaut werden sollen. Die Überseestadt ist so ein neues Stadtgebiet. Der Platz dafür entstand hier, weil das frühere Hafengebiet des Überseehafens für die Container und großen Schiffe zu klein wurde. Daher hat man das alte Hafenbecken mit riesigen Mengen Wesersand zugeschüttet. Noch nicht mal 20 Jahre ist das her, und seitdem kann man zusehen, wie ein Gebäude nach dem nächsten in den Himmel wächst. Besonders hoch erstreckt sich der Weser Tower. Das höchste Gebäude Bremens hat 22 Stockwerke und steht direkt an der ⮕ Weser. Damit die Häuser genug Platz haben, wurden sogar Straßen verlegt oder neu angelegt. Schaut mal in einen älteren Stadtplan – einige der eingezeichneten Straßen werdet ihr dort gar nicht mehr finden.

Neben den vielen neuen Büro- und Wohnhäusern sieht man hier noch einige alte Hafengebäude. Speicher oder Schuppen zum Beispiel, in denen früher Baumwolle, Kaffee oder Getreide lagerten. Im Speicher XI befindet sich heute das ⮕ Hafenmuseum. Kein Geheimtipp mehr, aber wirklich cool: Schwarzlicht-Minigolf in der Alten Stauerei. Auf einer Landzunge steht der Molenturm, ein kleiner Leuchtturm, auch liebevoll „Mäuseturm" genannt. Früher markierte er die Hafeneinfahrt in den Überseehafen, auch heute noch leuchtet sein grünes Licht in der Dunkelheit. Ein bisschen verloren wirkt er in dem ganzen neuen Trubel, ein Erinnerungsstück an die früheren Zeiten.

Universum

Es ruckelt und wackelt, und wären die Vasen im Regal nicht fest-geklebt, würden sie einem sicherlich auf den Kopf fallen. Das graue Sofa im Erdbebenzimmer ist sehr beliebt – hier könnt ihr nachemp-finden, wie sich ein heftiges Erdbeben anfühlt. Lustig einerseits, aber auch ein wenig unheimlich, schließlich finden solche Erdbeben tatsächlich statt – wenn auch so stark nicht bei uns in Deutschland.

Das Universum macht Wissenschaft, Natur und Technik anfass-bar. Hier verstauben keine langweiligen Ausstellungsgegenstände, sondern man darf und soll sogar alles berühren und ausprobieren. Schaut euch mal den Schwanz eines Seepferdchens an – was hat der wohl mit Schnecken oder gar Wirbelstürmen gemein? Könnt ihr euch vorstellen, wie blinde Menschen die Welt ertasten? Wer wird wohl gewinnen, wenn ihr gegen eine Maschine kickert? Einfach mal ausprobieren, das bringt Spaß und macht schlau(er).

Das Universum ist ein relativ junges Museum: Seit 2000 glitzert der silberne Walfisch am Rand des Universitätsgeländes, später kamen das große Außengelände und ein Gebäude für Sonderaus-stellungen hinzu. Auch draußen wird nicht nur gespielt, sondern experimentiert und ausprobiert. Wer den 27 Meter hohen „Turm der Lüfte" erklimmt, sollte allerdings besser schwindelfrei sein.

Die glänzende Außenhaut des Gebäudes besteht übrigens aus 35.000 Edelstahl-schindeln. Ist es nun ein Wal oder doch eher ein Ufo oder gar eine Muschel? Dann schaut doch mal nach, ob sich im Inneren eine glitzernde Perle versteckt!

Traurig war der Abschied für die Angehörigen, wenn die Walfänger mit Kurs auf Grönland in See stachen, und groß die Hoffnung, dass sie mit einem guten Fang zurückkamen. In Vegesack, dem nördlichen Stadtteil Bremens, drehte sich lange Zeit alles um Fischfang und Schiffsbau. Wenn ihr an der Hafenpromenade entlangspaziert, werdet ihr noch viele Erinnerungen an diese Zeit entdecken. Zum Beispiel den riesigen Unterkiefer eines Blauwals: Könnt ihr euch vorstellen, wie groß der Wal gewesen sein muss? Oder die Nachbildung einer Walflosse, die aus dem gewellten Steinboden herausragt – würde die sich bewegen, wäre nicht mehr viel übrig vom Hafen.

Der Vegesacker Hafen ist übrigens der älteste künstliche Hafen Deutschlands. Vor fast 400 Jahren wurde er angelegt, weil die großen Schiffe nicht mehr bis an die ➜ Schlachte fahren konnten. Der Bau war allerdings ganz schön teuer: Um das Geld für das Hafenbecken aufzubringen, haben die Kaufleute sogar ihre Silberhumpen eingeschmolzen, aus denen sie bei der ➜ Schaffermahlzeit ihr Bier getrunken haben. Als dann die Zeit der großen Walfänge vorbei war, ging es den Heringen an die Gräte. Mit Netzen wurden die Fische aus der Nordsee an Bord geholt und in Salzfässern (den „Kantjes") gelagert. Leckeren Fisch gibt es auch heute noch in Vegesack – und viel zu erforschen, so zum Beispiel die Schulschiff Deutschland oder die Mitmachausstellung im Spicarium, einem spannenden Museum in einem alten Speicher am Hafen. Fernweh gibt es hier gratis dazu!

Viertel

Wie würdet ihr jemandem erklären, was „das Viertel" ist? Vielleicht, dass es sich um einen Bremer Stadtteil handelt, der ganz nah an der ➔ Weser liegt. Und an der Innenstadt. Und dass man hier nie einen Parkplatz findet und sich schnell mal verlaufen kann, sobald man in den kleinen Straßen unterwegs ist. Kein Wunder, bei den Straßennamen: Wer soll schon wissen, wo „Im Krummen Arm" liegt oder wie man „Auf der Kuhlen" findet. Und bestimmt fällt euch noch ein, dass es hier viele Krimskrams- und Klamottenläden gibt, ➔ Theater und Kinos und Cafés und Eisdielen. Und ganz hübsche ➔ Altbremer Häuser, manche klein und fein, andere reichlich verziert und schick. Das ist doch schon eine Menge.

   Mitten durch das Viertel verläuft eine lange Straße mit einem langen Namen: Ostertorsteinweg, genannt „O-Weg". Ganz früher war diese Straße ein gepflasterter Weg, der durch das Stadttor (➔ Ostertor) Richtung Hamburg führte. Was ihr vielleicht noch nicht wisst: Ein Teil des Viertels sollte mal abgerissen werden. Dort war eine breite Straße mit Hochhäusern geplant, die zu einer neuen Weserbrücke führen sollte. Doch Hausbesitzer, Viertelbewohner und auch einige Politiker wehrten sich, und so wurde die Planung gestoppt. Heute fragt man sich, wie jemand überhaupt auf die Idee kommen konnte, einen Teil dieses besonderen Stadtteils zu zerstören.

Heinrich Vogeler

Der Maler und Grafiker Heinrich Vogeler war schon als junger Mann für seine Kunst berühmt. Vor fast 150 Jahren wurde er in Bremen geboren und zog nach seinem Kunststudium nach Worpswede. In dem Lieblingsort der Künstler lebten damals (und auch heute noch) viele Maler und andere Kreative, die fasziniert waren von der Landschaft des Teufelsmoors. Heinrich Vogeler kaufte sich dort einen alten Bauernhof, den „Barkenhoff" – der bald zu einem beliebten Treffpunkt für viele Künstler wurde. Dass Heinrich Vogeler so schnell berühmt wurde, lag vor allem an seinem Kunststil und an seiner Art, Gegenstände zu gestalten. Ihm war es nämlich wichtig, dass alles, was man tagtäglich nutzt, schöner gemacht wird. So malte er nicht nur Bilder, sondern illustrierte Bücher, dachte sich Formen für Möbel aus, gestaltete Schmuck und entwarf sogar Häuser. Mit seinen Werken beeinflusste er eine Kunstbewegung, die Anfang des 19. Jahrhunderts bekannt wurde: den Jugendstil. Schaut euch mal die ➲ Altbremer Häuser im ➲ Viertel an, an einigen Hausfassaden sieht man so verschnörkelte schwungvolle Linien oder kunstvoll gestaltetes Glas in den Eingangstüren – das war typisch für den Jugendstil.

Ein ganz bekanntes Werk Vogelers ist die Güldenkammer im ➲ Rathaus. Nach dem Ersten Weltkrieg zeigte Vogeler in seinen Bildern allerdings nicht mehr nur die Schönheit, sondern auch das Leiden der Menschen. Der Barkenhoff war nun kein Künstlertreff mehr, sondern ein Erholungsheim für Kinder, deren Eltern während des Krieges in Gefangenschaft waren.

83

Wallanlagen

Wenn ihr durch die Wallanlagen Richtung ➔ Kunsthalle lauft, wundert ihr euch vielleicht, wie kurvig sich der Weg am Stadtgraben entlangschlängelt. Diese Form entstand im 17. Jahrhundert, als die Altstadt zickzackförmig von einer Stadtmauer mit Befestigungsgraben umschlossen war – als Schutz vor Angreifern. Vor über 200 Jahren war die Zeit der Belagerungen und Angriffe vorbei. Landschaftsgärtner verwandelten die ehemaligen Wälle und Gräben in einen hübschen Park mit verschlungenen Pfaden, Baumgruppen und kleinen Hügeln. Die Wallanlagen waren die erste öffentliche Parkanlage der Stadt. Wenn ihr hier auf Entdeckungsreise geht, werdet ihr bemerken, wie viele ungewöhnliche und seltene Bäume hier wachsen. Sucht mal den Taschentuchbaum, dessen Blüten tatsächlich wie weiße Tücher aussehen, oder findet einen Ginkgo – das ist eine der ältesten Baumarten der Erde. An Blättern solcher Bäume haben vermutlich schon die Dinosaurier geknabbert! Über die Wiesen hoppeln ganz ungestört Kaninchen, Enten wohnen in rot-weißen Luxusvillen mitten auf dem Stadtgraben, und im Wasser verstecken sich Hechte, Barsche, Karpfen und Aale. Seit 2012 sorgt ein Wasserfall unterhalb der Altmannshöhe – das ist der Hügel hinter der Kunsthalle – sogar für frisches Weserwasser für die Fische. Spannend sind auch die vielen Skulpturen und Denkmäler, die an verschiedenen Orten stehen. Einige Bremer Berühmtheiten kennt ihr vielleicht schon aus diesem Buch, zum Beispiel ➔ Wilhelm Olbers oder Paula Modersohn-Becker (➔ Paula Modersohn-Becker Museum).

Dieser Fluss entsteht durch einen Kuss: Wo die beiden Flüsse
Werra und Fulda zusammenfließen – man sagt auch, wo sie sich
küssen –, beginnt die Weser. Von dort aus fließt sie 452 Kilometer
bis nach Bremerhaven und mündet in die Nordsee. Das ist schon
ungewöhnlich, denn normalerweise hat ein Fluss ja eine Quelle! Die
Weser ist eben etwas ganz Besonderes – die Bremer bezeichnen sie
auch gern als Lebensader der Stadt. Schließlich hat der Fluss schon
sehr lange eine große Bedeutung für die Menschen in Bremen: als
Wasserstraße, auf der die Schiffe die Waren transportieren, für die
Fischerei, als Trinkwasserquelle, als Entspannungs- und Freizeitort
für große und kleine Wasserratten und als Lebensraum für Tiere
im Wasser und am Ufer. Wusstet ihr, dass auf der Weser eine Herde
Ziegenopas lebt? Die setzte der Bund für Umwelt und Naturschutz
(BUND) vor einigen Jahren auf einer kleinen unbewohnten Insel im
Hafengebiet aus. Seitdem knabbern sie sich durch die wilde Wiesen-
landschaft und halten den Boden mit ihren Hufen locker.

   Das Weserwehr in Hastedt reguliert den Wasserstand der Weser.
Das ist wichtig, denn durch Ebbe und Flut der Nordsee wird die
Wasserhöhe des Flusses beeinflusst – und wenn das Wasser zu flach
ist, kommen die großen Schiffe nicht weiter. Erstaunlich, dass man
hier in Bremen überhaupt etwas von den Gezeiten merkt, oder?
Schließlich ist die Nordsee 65 Kilometer von Bremen entfernt.

Weserburg

Und schon wieder geht es um eine Burg, die gar keine echte Burg ist, und zwar um ein Museum für moderne Kunst.

Die Weserburg besteht aus vier umgebauten Speicherhäusern an der Spitze der Werderhalbinsel Teerhof. Bevor aus dem ungewöhnlichen Bauwerk ein Kunstmuseum wurde, mussten allerdings über 100 Jahre vergehen. Im Jahr 1897 wurde dort, wo sich jetzt das Museum befindet, die sogenannte Hagensburg errichtet, die mit ihren zwei runden Türmen tatsächlich ein wenig wie eine mittelalterliche Burg aussehen sollte – so wollte es der Baumeister. Lange Zeit war in dem Gebäude eine Kaffeerösterei. Erst vor etwa 40 Jahren richteten sich dort Künstler und Kulturmacher ein. Das jetzige Museum Weserburg ist ein Sammlermuseum, und zwar das erste dieser Art in Europa. Wichtige Kunstsammler leihen dem Museum ihre Bilder, und kunstinteressierte Menschen können sich die Exponate (so nennt man die Ausstellungsstücke) dort ansehen.

Das Museum Weserburg ist aber nicht nur für Erwachsene ein spannender Ort: In regelmäßigen Abständen werden dort Mitmach-Ausstellungen speziell für Kinder und Jugendliche gezeigt. Schaut euch mal die Kunstwerke an: Viele sind humorvoll und auch sehr ungewöhnlich. Unter dem Dach hängt zum Beispiel eine silberne Schaukel, die sich von ganz alleine bewegt. Es gibt sogar Skulpturen aus Schokolade – mmmh! Oder horcht mal in das Klanghaus. Sobald ihr euch bewegt, könnt ihr sogar selbst Klänge auslösen ...

Weser-Stadion

Vor über 100 Jahren befand sich dort, wo jetzt die Fans von Werder Bremen ihrer Mannschaft zujubeln, bereits ein Fußballplatz. Der war natürlich viel kleiner, hatte eine Holztribüne und weder Umkleidekabinen noch Restaurant. 1929 bekam das Stadion seinen offiziellen Namen, und seit 1930 trägt hier der SV Werder Bremen seine Spiele aus. Inzwischen hat die Fußballarena in der ➔ Pauliner Marsch Platz für über 40.000 Besucher – und wenn die sich alle auf den Weg Richtung Stadion machen, wird es meist laut und drängelig. Auf der riesigen Grünfläche muss natürlich auch der Rasen in einem guten Zustand sein: So drehte eine Zeit lang der kleine Rasenroboter „Oskar" seine Runden. Und Wärmefühler messen sogar die Temperatur der Graswurzeln! Da das Stadion so nah an der ➔ Weser liegt, waren die Grünflächen zwischen dem Stadion schon mehrmals überschwemmt. Inzwischen gibt es konkrete Pläne, wie das Gebiet vor Hochwasser geschützt werden kann. Ein Fußballstadion direkt am Wasser hat aber auch Vorteile: Nirgendwo sonst in Deutschland kann man mit einem Schiff zum Bundesligaspiel fahren! Eine Zeit lang traten im Stadion übrigens auch weltberühmte Superstars auf, Michael Jackson zum Beispiel oder die Rolling Stones, seit 2007 wird hier allerdings nur noch gekickt. Fußballfans können den Werder-Profis übrigens kostenlos beim Training zuschauen, und wer Glück hat, bekommt vielleicht sogar ein Autogramm von seinem Star!

TOOOR

Willehad

Dieser Heilige aus England war ein echter Kämpfer, das sagt schon sein Name: Willehad bedeutet nämlich „der Kampfesfreudige". Vor ungefähr 1250 Jahren schickte Kaiser Karl der Große den frommen Mann in das Gebiet zwischen ➜ Weser und Ems, um die störrischen Friesen und Sachsen vom christlichen Glauben zu überzeugen. Die wehrten sich allerdings mit Waffengewalt gegen den missionierenden Priester, sodass ihm nichts anderes übrig blieb, als zu fliehen. Willehad begab sich auf eine Pilgerreise nach Rom und kehrte erst zurück, als sich die Lage beruhigt hatte.

Im Jahr 787 ernannte Karl der Große ihn zum Bischof. Mit mehr Macht und Ansehen bemühte sich Willehad weiterhin darum, die Sachsen zu bekehren. Er hielt Predigten, richtete Gottesdienste ein und hatte schließlich Erfolg: Am 1. November 789 weihte der Bischof feierlich den ersten ➜ Dom zu Bremen – das war damals noch eine kleine Holzkirche, die ganz oben auf der Weserdüne stand. Auch heute noch erinnern viele Kirchennamen in Norddeutschland an den ersten Bischof Bremens. Zum Beispiel im ➜ Rathaus: In der Oberen Rathaushalle seht ihr Karl den Großen Auge in Auge mit Willehad auf einem großen Wandgemälde – zwischen den beiden Mächtigen steht ein kleiner Dom.

Ziegenmarkt

Hier, auf dem kleinen Platz vor der Friesenstraße im ➔ Viertel, stehen seit Anfang des 20. Jahrhunderts wochentags einige Markthändler und verkaufen ihre frischen Produkte. Der dreieckige Platz ist aber auch ein gern genutzter Versammlungsort: Kurz vor den Wahlen verteilen die Parteien Infos und Luftballons, Demonstranten halten hier Kundgebungen ab, und beim Viertelfest ist der Ziegenmarkt oft Schauplatz für Kindertheater. Etwas am Rand blickt der bronzene Ziegenbock von seinem Sockel in die Ferne. Ob er wohl auch gern Stadtmusikant geworden wäre?

Er hat gerade in den letzten Jahren auf jeden Fall so einiges erlebt: Im April 2011 kam ein Abrissbagger und grub seine Schaufeln tief ins Erdreich. Eh man sichs versah, hatte sich der Supermarkt an der Ecke in staubigen Schutt und graue Trümmer verwandelt. Der Ziegenbock? Schaute weiter gen Westen. Nach einer langen, lauten Baustellenzeit stehen an der gleichen Stelle nun schicke neue Wohnungen plus Supermarkt. Einige Viertelbewohner sind nicht begeistert und rufen zu Protestaktionen auf. Nur der Ziegenbock hat nichts zu meckern.

ENDE

Suse Lübker kommt ursprünglich aus Hamburg. Vor 20 Jahren allerdings zog sie von der Elbe an die ➲ Weser und fühlt sich seitdem hier so zu Hause wie der ➲ Roland auf dem ➲ Marktplatz. Ihre Kinder sind zwar keine ➲ Tagenbaren, sehen sich aber trotzdem als waschechte Bremer. Und mit ihrer Mama erforschen sie so oft es geht die kinderfreundlichen Ecken der Stadt. Die kennt sich damit richtig gut aus, schließlich schreibt sie beruflich viel über Familienthemen, zum Beispiel für die Bremer „Kinderzeit".

Wiebke Hasselmann ist zwar auch kein ➲ Tagenbaren, aber immerhin ist schon ihre Oma in Bremen geboren. Als Kind ging sie am liebsten mit ihrem Opa ins ➲ Übersee-Museum, heute liebt sie ➲ La Strada und die ➲ Weserburg. Wenn sie gerade nicht dort ist, illustriert sie meist Bilderbücher, Kinderrätsel und Geschichten.

Jetzt hast du ja viel über Bremen erfahren!
Hier kannst du dein Wissen testen.

1) Worum ging es ursprünglich bei der „Eiswette"?
   a) Welcher Bremer am meisten Eis essen kann
   b) Ob die Weser zugefroren ist oder nicht
   c) Wie viel Eis auf ein Handelsschiff passt

2) Wofür steht das „H" im Bremer Autokennzeichen?
   a) Hundestadt
   b) Hafenstadt
   c) Hansestadt

3) Was ist „Knipp"?
   a) Ein bremisches Wort für „Schere"
   b) Ein Bremer Fleischgericht
   c) Ein Wahrzeichen im Schnoor

4) Woher hat der „Osterdeich" seinen Namen?
   a) Weil dort zu Ostern immer Eier versteckt werden
   b) Er ist im Osten des Bremer Stadtgebiets
   c) Er hat einmal an Ostern die Stadt vor einer Überschwemmung geschützt

5) Warum hat der Roland nicht mehr seinen ursprünglichen Kopf?
   a) Das Original wurde geklaut
   b) Das Original war zu schmutzig und wurde daher weggeworfen
   c) Das Original befindet sich im Focke-Museum, damit es nicht Wind und Wetter ausgesetzt ist

6) Was ist ein „Tagenbaren"?
   a) Jemand, dessen Eltern und Großeltern schon in Bremen geboren und aufgewachsen sind
   b) Ein Bremer Weihnachtsgebäck
   c) Ein bremisches Wort für jemanden, der tagsüber geboren wurde

Noch mehr Bücher aus der schönsten Hansestadt der Welt

Anja Möbest, Katrin Buchholz
Kennst du Bremen?
Illustrationen von Nicole Staebner
Aktualisierte Neuausgabe
216 Seiten, Klappenbroschur
€ 12,90 [D]
ISBN 978-3-7961-1959-0

Warum ist der Roland den Bremern so wichtig? Woher hat das Schnoor-Viertel seinen Namen? Und was ist eigentlich die Bischofsnadel?
Diese und viele weitere Fragen beantwortet der Bremen-Stadtführer für Kinder auf spannende und leicht verständliche Weise. Der Roland höchstpersönlich steuert dazu lustige Geschichten bei. In fünf Rundgängen können die kleinen Leser selbst die Stadt entdecken – zahlreiche Rätsel, Aufgaben und Zungenbrecher lassen dabei keine Langeweile aufkommen! Empfohlen ab 8 Jahren.